C.H.BECK WISSEN

Kein anderes Buch ist so intensiv erforscht worden wie die Bibel, und zugleich gibt keines bis heute so viele Rätsel auf. Wann sind die frühesten Texte entstanden? Welche historische Wirklichkeit spiegelt sich in den Überlieferungen? Und warum enthält die Bibel gerade diese und keine anderen Schriften? Konrad Schmid rekonstruiert auf dem neuesten Forschungsstand und im Kontext der altorientalischen und antiken Geschichte, wann und zu welchem Zweck Lieder und Erzählungen, Rechtssammlungen und Weisheitslehren, prophetische Verkündigungen, Evangelien und Apostelbriefe entstanden. Er erläutert, wie diese Texte allmählich zu Büchern komponiert und diese schließlich von Juden und Christen zu festen Einheiten zusammengefügt wurden. Nicht zuletzt zeigt die konzise und klare Einführung, warum das «Buch der Bücher» die Welt religiös, kulturell und politisch so stark geprägt hat wie kein zweites Buch.

Konrad Schmid ist Professor für Alttestamentliche Wissenschaft und Frühjüdische Religionsgeschichte an der Universität Zürich. Er hat u. a. in Heidelberg, Princeton und Jerusalem gelehrt und ist Mitherausgeber international einschlägiger Buchreihen und Zeitschriften. Bei C.H.Beck ist von ihm erschienen: «Die Entstehung der Bibel» (mit Jens Schröter, 3. Auflage 2020).

Konrad Schmid

DIE BIBEL

Entstehung, Geschichte, Auslegung

C.H.Beck

Mit 3 Abbildungen und 2 Karten

Originalausgabe

www.chbeck.de
Reihengestaltung Umschlag: Uwe Göbel (Original 1995, mit Logo),
Marion Blomeyer (Überarbeitung 2018)
Umschlagabbildung: Ausschnitt aus «Johannes der Täufer»
auf der Innenseite des Genter Altars
von Jan van Eyck, 1432; © akg-images
Satz: C.H.Beck.Media.Solutions, Nördlingen
Druck und Bindung: Druckerei C.H.Beck, Nördlingen
Printed in Germany
ISBN 978 3406 77304 4

myclimate

klimaneutral produziert
www.chbeck.de/nachhaltig

Inhalt

1. Was ist die Bibel?

Bibel und Bibeln

Die Bibel ist das bekannteste und das mit Abstand am weitesten verbreitete Buch der Weltliteratur: Bis in das 21. Jahrhundert hinein sind etwa fünf Milliarden Exemplare produziert worden. Allerdings ist die Bibel eher eine Bibliothek als ein Buch, denn sie ist eine Sammlung von unterschiedlichen Schriften, die über einen Zeitraum von mehr als tausend Jahren entstanden sind. Das Judentum sowie das Christentum mit seinen unterschiedlichen Konfessionen kennen jeweils ihre eigenen Bibeln, und entsprechend sehen diese Sammlungen unterschiedlich aus.

Die Heilige Schrift des Judentums, die Hebräische Bibel, ist in drei Teile gegliedert. Die «Tora» («Weisung» oder «Gesetz») besteht aus den fünf Büchern des Mose, die «Nevi'im» («Propheten») umfassen die Bücher von Josua bis Maleachi, und die «Ketuvim» («Schriften») sind eine Sammlung verschiedener Literaturgattungen, darin finden sich etwa die Psalmen, die Sprüche, das Hiobbuch, das Hohelied, die Chronik oder das Danielbuch.

Das frühe Christentum, dessen Ursprünge als kleine Sekte im Judentum liegen, kannte und benutzte fraglos diese Bibel, auch wenn diese damals noch nicht abgeschlossen war. Auch Jesus von Nazareth las ihre Bücher (vgl. Lukas 4,16–17), die Schriften des Neuen Testaments gab es damals noch nicht. Erst seit dem 2. Jahrhundert bildete sich eine christliche Schriftensammlung aus Evangelien, der Apostelgeschichte, Briefen sowie der Offenbarung des Johannes als Neues Testament heraus, die die Hebräische Bibel nun innerhalb des Christentums zum Alten Testament werden ließ, das im antiken Christentum vor allem auf Griechisch gelesen wurde. Die Bezeichnung «Altes Testament» für die Schriftensammlung der Hebräischen Bibel findet sich erstmals in einem Brief des Bischofs Melito von Sardes aus

Die Bibeln des Judentums und des Christentums

Hebräische Bibel	**Griechisch-orthodoxe Bibeln**	**Römisch-katholische Bibeln**	**Reformations-bibeln**
	Altes Testament		
Tora («Gesetz»)	***Geschichtsbücher***	***Pentateuch***	***Geschichtsbücher***
Genesis	Genesis	Genesis	Genesis (1. Mose)
Exodus	Exodus	Exodus	Exodus (2. Mose
Leviticus	Leviticus	Leviticus	Leviticus (3. Mose)
Numeri	Numeri	Numeri	Numeri (4. Mose)
Deuteronomium	Deuteronomium	Deuteronomium	Deuteronomium (5. Mose)
Nevi’im («Propheten»)		***Geschichtsbücher***	
Vordere Propheten			
Josua	Josua	Josua	Josua
Richter	Richter	Richter	Richter
	Ruth	Ruth	Ruth
1.–2. Samuel	1.–2. Samuel	1.–2. Könige	1.–2. Samuel
1.–2. Könige	1.–2. Könige	3.–4. Könige	1.–2. Könige
	1.–2. Chronik	1.–2. Chronik [+ Gebet des Manasse]	1.–2. Chronik
	[1. Esra (= 3. Esra)]	1. Esra (= Esra)	Esra
	2. Esra (= Esra und Nehemia)	2. Esra (= Nehemia) [3. Esra] [4. Esra]	Nehemia
	Esther (+ Zusätze)	Tobit	Esther
	Judith	Judith	
	Tobit	Esther (+ Zusätze)	
	1.–2. Makkabäer		
	[3.–4. Makkabäer]		

Hebräische Bibel	**Griechisch-orthodoxe Bibeln**	**Römisch-katholische Bibeln**	**Reformationsbibeln**
Hintere Propheten	*Lehrbücher*	*Lehrbücher*	*Lehrbücher*
Jesaja	Psalmen	Hiob	Hiob
Jeremia	[Oden Salomos + Gebet des Manasse]	Psalmen	Psalmen
Ezechiel	Sprüche	Sprüche	Sprüche
	Kohelet	Kohelet	Kohelet
Hosea	Hoheslied	Hoheslied	Hoheslied
Joel	Hiob	Weisheit Salomos	
Amos	Weisheit Salomos	Jesus Sirach	
Obadja	Jesus Sirach		
Jona	[Psalmen Salomos]		
Micha			
Nahum			
Habakuk			
Zephanja			
Haggai			
Sacharja			
Maleachi			
***Ketuvim* (*«Schriften»*)**	***Propheten***	***Propheten***	***Propheten***
Psalmen	Hosea	Jesaja	Jesaja
Hiob	Amos	Jeremia	Jeremia
Sprüche	Micha	Klagelieder	Klagelieder
Ruth	Joel	Baruch	
Hoheslied	Obadja	Ezechiel	Ezechiel
	Jona	Daniel (+ Zusätze)	Daniel
Kohelet (Prediger)	Nahum	Hosea	Hosea
Klagelieder	Habakuk	Joel	Joel
Esther	Zephanja	Amos	Amos
Daniel	Haggai	Obadja	Obadja
Esra und Nehemia	Sacharja	Jona	Jona
1.–2. Chronik	Maleachi	Micha	Micha
		Nahum	Nahum
	Jesaja	Habakuk	Habakuk
	Jeremia	Zephanja	Zephanja
	Baruch 1–5	Haggai	Haggai
	Klagelieder	Sacharja	Sacharja
	Brief Jeremias (= Baruch 6)	Maleachi	Maleachi
	Ezechiel	1.–2. Makkabäer	
	Susanna (= Daniel 13)		
	Daniel (+ Zusätze)		

Hebräische Bibel	Griechisch-orthodoxe Bibeln	Römisch-katholische Bibeln	Reformationsbibeln
	Neues Testament		
	Evangelien	***Evangelien***	***Evangelien***
	Matthäus Markus Lukas Johannes	Matthäus Markus Lukas Johannes	Matthäus Markus Lukas Johannes
	Apostelgeschichte	Apostelgeschichte	Apostelgeschichte
	Paulusbriefe	***Paulusbriefe***	***Paulusbriefe***
	Römer 1. Korinther 2. Korinther Galater Epheser Philipper Kolosser 1. Thessalonicher 2. Thessalonicher 1. Timotheus 2. Timotheus Titus Philemon	Römer 1. Korinther 2. Korinther Galater Epheser Philipper Kolosser 1. Thessalonicher 2. Thessalonicher 1. Timotheus 2. Timotheus Titus Philemon	Römer 1. Korinther 2. Korinther Galater Epheser Philipper Kolosser 1. Thessalonicher 2. Thessalonicher 1. Timotheus 2. Timotheus Titus Philemon
	Weitere Briefe	***Weitere Briefe***	***Weitere Briefe***
	Hebräer Jakobus 1. Petrus 2. Petrus 1. Johannes 2. Johannes 3. Johannes Judas	Hebräer Jakobus 1. Petrus 2. Petrus 1. Johannes 2. Johannes 3. Johannes Judas	Hebräer Jakobus* 1. Petrus 2. Petrus 1. Johannes 2. Johannes 3. Johannes Judas
	Offenbarung des Johannes	Offenbarung des Johannes	Offenbarung des Johannes

* In der Lutherbibel stehen der Hebräer- und der Jakobusbrief zwischen dem 3. Johannesbrief und dem Judasbrief.

dem Jahr 170, der von Eusebius von Caesarea in seiner Kirchengeschichte zitiert wird (4,26,13–14).

Allerdings sind Hebräische Bibeln nicht einfach mit einem christlichen «Alten Testament» identisch, denn in einem «Alten Testament» sind die Schriften anders angeordnet als in jüdischen Bibeln: Die Prophetenbücher finden sich im Alten Testament am Schluss, da man deren Prophezeiungen als Verweise auf das Neue Testament verstand.

Innerhalb des Christentums finden sich unterschiedliche Versionen der Bibel. Die bekannteste Differenz betrifft den Umfang des Alten Testaments in protestantischen und katholischen Bibeln. Während protestantische Ausgaben wie etwa die Lutherbibel oder die Zürcher Bibel nur die Bücher der Hebräischen Bibel in ihrem Alten Testament enthalten, finden sich in katholischen Ausgaben zusätzliche Schriften und Textanteile, die auf das hellenistische Judentum zurückgehen, dessen Alltagssprache Griechisch und nicht Hebräisch war. Diese Schriften sind mehrheitlich in den beiden letzten vorchristlichen Jahrhunderten entstanden und umfassen die Bücher Judith, Tobit, Baruch, Jesus Sirach, die Weisheit Salomos sowie die beiden Makkabäerbücher. Hinzu kommen Ergänzungen in den Büchern Esther und Daniel sowie das Gebet Manasses.

In Bibeln des östlichen und afrikanischen Christentums, etwa derjenigen der äthiopischen Kirche, kann das Alte Testament noch erheblich umfangreicher sein. Dort finden sich Schriften wie das Jubiläenbuch oder die Henochbücher, die ebenfalls auf das antike Judentum zurückgehen, ihr langfristiges Überleben jedoch dem orientalischen Christentum verdanken. Die hebräischen und aramäischen Originale mancher dieser Schriften sind teilweise seit 1947 mit den Schriftfunden vom Toten Meer zum Vorschein gekommen.

Auch der Bestand des Neuen Testaments war zunächst an den Rändern unsicher. So war es bei Schriften wie etwa dem Hirten des Hermas, der Didache (die Lehre der zwölf Apostel), dem 1. Klemensbrief oder dem Barnabasbrief lange unklar, ob sie zum Neuen Testament zu zählen sind, doch vom 4. Jahrhundert an konnte sich eine Sammlung von 27 Schriften durchsetzen, die seither in den christlichen Hauptkonfessionen einheitlich anerkannt wird, so dass sich das Neue Testament heute in nahezu allen Bibeln von seinem Bücherbestand her identisch präsentiert.

«Bibel» ist also keine eindeutige Bezeichnung. Grundsätzlich ist zwischen jüdischen und christlichen Bibeln zu unterscheiden, dann sind aber auch innerhalb von christlichen Bibeln deren unterschiedliche Umfänge und Anordnungen zu berücksichtigen. Der Kernbestand der Schriften der Hebräischen Bibel ist allen Bibeln gemein, sie ist der Ursprung des Konzepts «Bibel».

Die biblische und die historische Sicht auf die Entstehung der Bibel

Die *Bücher* der Bibel wurden nicht als Bücher der *Bibel* geschrieben, sondern deren Texte und Textsammlungen wurden erst nach und nach zu Büchern, und diese wiederum wurden erst im Laufe der Zeit «biblisch». Mit anderen Worten: Literaturgeschichte, Kanongeschichte und Buchwerdung der Bibel decken sich nicht, aber sie überschneiden sich. Die biblischen Texte entstammen sehr unterschiedlichen Entstehungszusammenhängen, die mehrere Jahrhunderte – vom zehnten vorchristlichen bis zum zweiten nachchristlichen Jahrhundert – abdecken und geographisch Israel, Babylonien, Ägypten, Kleinasien und Griechenland einschließen.

Die Bibel selbst zeichnet jedoch ein anderes Bild von ihrer Entstehung. So findet sich in der Tora die Vorstellung, dass sie Gottes Offenbarung enthält, die Mose am Sinai empfangen hat. Die Bibel schreibt also bereits ihren nach ihrer Selbstdarstellung ältesten Texten göttliche Autorität zu. In ihrer Sicht fällt die Kanongeschichte mit der Literaturgeschichte zusammen. Die biblische Tradition hat, ausgehend von der Offenbarung am Sinai, Mose zum Autor der Tora gemacht. Daher haben die Reformatoren in ihren Übersetzungen die Bücher der Tora als 1. bis 5. Buch Mose bezeichnet. Doch die Tora selbst kennt nur die Aufzeichnung bestimmter Teiltexte durch Mose: Nach Exodus 17,14 soll er die Schlacht gegen Amalek aufgeschrieben haben, nach Exodus 24,7 das Bundesbuch; Exodus 34,28 hält fest, dass er die zweite Fassung der Zehn Gebote aufgeschrieben habe, nachdem er die erste – die von Gott selbst beschriebenen Tafeln – zerbrochen hatte; Numeri 33,2 lässt ihn die Stationen der Wüstenwanderung aufzeichnen, Deuteronomium 31,9 das voranstehende deuteronomische Gesetz und Deuteronomium 31,22 das nachfolgende Lied des Mose (Deuteronomium 32).

Die Auffassung, dass Mose die gesamte Tora geschrieben habe, vertritt diese selbst noch nicht. Sie wird in der Formulierung späterer biblischer Schriften angedeutet, die von der «Tora des Mose» sprechen (vgl. z.B. Daniel 9,11.13; Esra 3,2; 7,6; Nehemia 8,1). Doch bereits der zwischen dem 2. und 6. Jahrhundert n. Chr. entstandene babylonische Talmud hält fest, dass die letzten sieben Verse der Tora (Deuteronomium 34,6–12) nicht von Mose, sondern von Josua stammen (bBB 14b–15a), da in ihnen der Tod und das Begräbnis des Mose beschrieben werden. So groß Mose auch ist, seinen eigenen Tod kann er nicht niedergeschrieben haben. Die gesamte Tora kann also schon aus erzähllogischen Gründen nicht von Mose stammen.

Doch auch die Zuschreibung von Teilen der Tora an Mose ist historisch unmöglich. Vermutlich war Mose eine historische Figur, doch gab es zu seiner mutmaßlichen Lebenszeit am Ende des 2. Jahrtausends v. Chr. noch kein Hebräisch, denn dessen Alphabetschrift musste sich zuerst aus dem Phönizischen entwickeln. Zudem hat die literaturgeschichtliche Analyse der Tora mit Sicherheit gezeigt, dass ihre Texte nicht in das 2., sondern in das 1. Jahrtausend v. Chr. gehören. Die vorstaatliche Epoche Israels und Judas muss also als Beginn der biblischen Literaturproduktion ausscheiden, auch wenn für diese Zeit mit mündlichen Überlieferungen von Weisheitssprüchen, Erzählungen oder Liedern zu rechnen ist, die dann in der einen oder anderen Form auch in die Bibel eingegangen sein mögen.

Als kulturell ausgesprochen rege beschreibt die Bibel die Epoche Davids und Salomos (10. Jahrhundert v. Chr.), der ersten Könige Israels und Judas. Ihre Regentschaft gilt als goldenes Gründungszeitalter Israels. David und Salomo, so die Bibel, herrschten über ein politisch, militärisch, wirtschaftlich wie auch kulturell erfolgreiches Großreich. Außerdem werden David und Salomo nicht nur als Könige, sondern auch als Schriftsteller dargestellt: Auf David werden 73 Psalmen zurückgeführt, in der Psalmenrolle aus der Höhle 11 bei Qumran werden sogar über 4000 Texte David zugeschrieben (11QPsalmena 27,2–8). Von Salomo wird in den Königsbüchern festgestellt, er habe 3000 Sprüche und 1005 Lieder gedichtet (1. Könige 5,12), die biblische Überlieferung schreibt ihm außerdem das Buch der Sprüche, Kohelet sowie das Hohelied zu (vgl. die jeweiligen Buchüberschriften in Sprüche 1,1; Kohelet 1,1; Hoheslied 1,1).

Die archäologisch-historische Rekonstruktion der Zeit Davids und Salomos zeigt jedoch, dass diese Vorstellungen nicht den historischen Realitäten entsprechen können. Von einem florierenden Großreich mit entsprechender Literaturproduktion kann keine Rede sein. Es lassen sich weder Monumentalbauten nachweisen, die auf ein ausgebautes Staatswesen hindeuten würden, noch finden sich umfangreiche epigraphische Primärtexte, die auf ein entwickeltes Schreiberwesen schließen lassen würden. Die politisch-militärische Expansion, von der die Bibel für Davids Regentschaft berichtet (2. Samuel 8,2–10), ist historisch für diese Zeit undenkbar, denn die damalige Bevölkerungszahl Israels und Judas von etwa 55 000 Menschen hätte ein Heer von höchstens 1500 Soldaten ergeben, mit dem sich ein solches Gebiet weder hätte erobern noch kontrollieren lassen. Sie basiert vielmehr auf einer literarischen Rückprojektion der späteren Verhältnisse, wahrscheinlich unter Jerobeam II. (781–742 v. Chr.). Offenkundig stellt die Zeit Davids und Salomos für die Bibel eine wichtige Gründungsidee dar, die jedoch mehr auf kreativer Erinnerung als auf der tatsächlichen Geschichte beruht.

Dabei besteht kein Anlass, an der Historizität Davids und Salomos zu zweifeln. David und Salomo werden von unterschiedlichen Traditionskorpora – vor allem den Samuel- und Königsbüchern – bezeugt und vorausgesetzt. Im Jahr 1993 ist zudem eine Inschrift in Tel Dan gefunden worden, die im 9. Jahrhundert v. Chr. explizit «das Haus Davids» (*byt dwd*) nennt. Damit ist die davidische Dynastie gemeint. Es ist ausgeschlossen, dass nur ein Jahrhundert nach dem Königtum Davids David als Dynastiegründer erfunden worden wäre. Somit ist die Tel-Dan-Inschrift ein wichtiges Zeugnis für die Historizität von König David.

Die Anfänge einer literaturgeschichtlich relevanten Schriftkultur in Israel und Juda finden sich erst ein bis zwei Jahrhunderte nach David und Salomo. Erst nachdem Israel im 9. und Juda im 8. Jahrhundert v. Chr. einen gewissen Grad an Staatlichkeit erreicht hatten, etablierte sich eine Schreiberausbildung, der auch die Abfassung umfangreicher Texte zugetraut werden kann. Nach dem Untergang der beiden Reiche im 8. und 6. Jahrhundert dürfte es zudem eine Literaturproduktion im babylonischen und ägyptischen Exil gegeben haben. Für die persische und hellenistische Zeit ist wieder mit einer aktiven Schriftkultur zu rechnen, worauf die vielfältigen Überarbeitungen der biblischen Schriften hinweisen, die in diesem Zeitraum erfolgt sind.

Das Selbstbild des Neuen Testaments zu seiner Entstehung ist aufgrund der kürzeren Zeitspanne, die es abdeckt, näher bei den historischen Realitäten. Das gilt vor allem für den ältesten Bestandteil des Neuen Testaments, nämlich die echten Paulusbriefe. Als authentisch gelten heute der Brief an die Römer, der erste Thessalonicherbrief, die beiden Korintherbriefe, der Philipperbrief, der Galaterbrief sowie der Brief an Philemon, während der Kolosserbrief, der Epheserbrief, der zweite Thessalonicherbrief, die beiden Timotheusbriefe sowie der Titusbrief als «Deuteropaulinen» eingestuft werden, die sich zwar unter die Autorität des Paulus stellen, aber nicht von ihm selbst verfasst wurden. Auch die weiteren Briefe des Neuen Testaments – der Hebräerbrief, die beiden Petrusbriefe, die drei Johannesbriefe, der Jakobusbrief sowie der Judasbrief – sind entweder anonym oder pseudonym. Für die echten Paulusbriefe fallen also Selbstpräsentation und historische Entstehungsbedingungen nicht auseinander; für die übrigen Briefe sind sie – zumindest zeitlich und geographisch, wenn auch nicht bezüglich der von ihnen beanspruchten Autorschaft – nicht allzu weit voneinander entfernt.

Die Evangelien sind als anonyme Erzählungen entstanden und wurden erst im 2. Jahrhundert den aus dem Neuen Testament bekannten Personen Matthäus, Markus, Lukas und Johannes zugeschrieben. Das Lukasevangelium sowie die Apostelgeschichte enthalten je eine Anrede bzw. Widmung an Theophilus und weisen sich so als zwei Teile eines Werkes desselben Verfassers aus. Die Offenbarung inszeniert sich als Vision, die der Prophet Johannes auf Patmos erhalten haben will.

Die Evangelien erwecken den Eindruck, zeitgenössische Jesusbiographien zu sein. Tatsächlich beschreiben sie das Leben Jesu aber aus einem Abstand von mindestens zwei Generationen und projizieren dabei die sich entwickelnde Christologie in die Person Jesu selber hinein. Im ältesten Evangelium des Neuen Testaments, dem Markusevangelium, ist dies noch in zurückhaltendem Maß der Fall, im jüngsten, dem Johannesevangelium, ist diese Perspektive bereits breit ausgestaltet worden.

Bei aller Distanz des Selbstbildes der Bibel zu ihrer Entstehung sind allerdings drei grundsätzliche Übereinstimmungen mit den historischen Sachverhalten festzuhalten. Erstens präsentiert sich die Bibel selbst als eine Sammlung von Schriften, die zweitens über einen langen Zeitraum hinweg entstanden sind, und drittens beansprucht die Bibel nirgends eine unmittelbar göttliche Autorschaft. Sie berichtet nur an einer Stelle von einem von Gott selbst geschriebenen Text – der ersten Fassung der Tafeln mit den Zehn Geboten (Exodus 32,16), die aber sogleich von Mose zerbrochen wurden. In antiker Form wird mit dieser Erzählung gegen die Vorstellung protestiert, es gäbe so etwas wie «Theographen». Die Vorstellung, dass die Heilige Schrift von Gott eingegeben sei, entwickelte sich erst im 1. und 2. Jahrhundert n. Chr. (vgl. 2. Timotheus 3,16); hier liegen die Ursprünge der späteren Inspirationslehren, die in Judentum und Christentum entwickelt worden sind.

2. Die Schriften der Hebräischen Bibel

Kultreligion und Buchreligion

Die ältesten Schriften der Hebräischen Bibel entstanden in einem Umfeld, in dem Texten keine nennenswerte religiöse Funktion zukam: Die Erzählungen, Sprüche, Lieder und Gebete aus dem 9. und 8. Jahrhundert v. Chr., die historisch-kritisch aus der Bibel rekonstruiert werden können, waren Literatur, aber nicht Heilige Schrift. Dazu entwickelten sie sich erst in einem längeren Prozess.

In Israel und Juda pflegte man in der Zeit vor dem babylonischen Exil eine Kultreligion, die zunächst an die lokalen Heiligtümer im Land gebunden war und den Kontakt zur Gottheit mittels Opfer, Gaben und Gebeten herstellte. In spätvorexilischer Zeit, im ausgehenden 7. Jahrhundert v. Chr., wurden die kultischen Aktivitäten in Juda auf den einen Tempel in Jerusalem zentriert. Die Bibel stellt diesen Vorgang als die Kultreform des Königs Josia von Juda dar (vgl. 2. Könige 22–23). Natürlich hatten auch religiöse Texte ihren Ort in diesem Kult, doch sie dienten weder zu dessen Grundlegung noch zu dessen Normierung. Vielmehr waren sie, ähnlich wie Tempelgeräte, Teil der kultischen Handlungen. Ein Beispiel findet sich in Psalm 24 (7–10):

Erhebt, Tore, eure Häupter,
und werdet hoch, Eingänge der Ewigkeit,
und es ziehe ein der König der Herrlichkeit.
Wer ist der König der Herrlichkeit?
JHWH, der Starke und Held,
JHWH, der Held des Krieges.
Erhebt, Tore, eure Häupter,
erhebt euch, Eingänge der Ewigkeit,
und es ziehe ein der König der Herrlichkeit.

Wer ist der König der Herrlichkeit?
JHWH Zebaoth,
er ist der König der Herrlichkeit.

Dieser Psalm lässt noch deutlich seine Verwurzelung in kultischen Vollzügen erkennen. Offenbar beschreibt er eine Prozession – den Einzug Gottes (möglicherweise repräsentiert durch eine Statue) in sein Heiligtum –, die von einem kultischen Wechselgesang begleitet wird. Gott wird in der Hebräischen Bibel oft mit seinem Namen JHWH bezeichnet, dessen ursprüngliche Aussprache nicht ganz gesichert ist (vermutlich «Jahwe») und der ab dem 3. Jahrhundert v. Chr. nicht mehr ausgesprochen wurde. In der modernen Bibelwissenschaft hat sich entsprechend der unvokalisierte Gebrauch des sogenannten Tetragramms («JHWH») durchgesetzt.

Der Kult – vollzogen mit Gegenständen, Geräten und rituellen Handlungen – bestimmte in diesem Fall den Text und nicht umgekehrt. Bis dahin war es noch ein weiter religionsgeschichtlicher Weg: Zur Schriftreligion, in deren Zentrum allein das Studium heiliger Texte stand, wurde das Judentum erst nach der Zerstörung des Zweiten Tempels 70 n. Chr. durch die Römer. Mit dem Ende des Opferkults am Tempel verlagerte sich der religiöse Schwerpunkt des Judentums auf das Studium und das Zelebrieren der Schrift. Erst in dieser Zeit entstand auch die Vorstellung von einer Bibel als einer abgeschlossenen, verbindlichen Schriftensammlung. Zuvor standen ihre Texte, Schriften und Bücher wohl in religiösem Gebrauch, doch neben ihnen gab es auch andere Dokumente. Eine scharfe Trennlinie zwischen biblischer und nichtbiblischer Literatur war damals nicht vorhanden, denn die Bibel gab es noch nicht.

Die Religion Israels und Judas wandelte sich im 1. Jahrtausend v. Chr. also nur schrittweise von einer Kultreligion zu einer Buchreligion. Dabei kam der Tempelzerstörung 587 v. Chr. eine erste wichtige, katalysierende Funktion zu. Mit dem Verlust des zentralen Kultorts bildeten sich die Grundlagen einer nicht auf den Kult angewiesenen Religion aus. Die Zeit des sogenannten «babylonischen Exils» vom Untergang Jerusalems bis zu den ersten Rückwanderungsbewegungen nach der Eroberung Babylons durch die Perser 539 v. Chr. war von grundlegender Bedeutung für die Entstehung der Bibel. Entsprechend lässt man mit ihr oft die Epoche des «Judentums» beginnen, das heißt der schriftgestützten Form der Religion des antiken Israel und Juda, die diese auf die Tora und den Glauben an nur einen Gott verpflichtet.

Das «Exil» ist zwar bis heute nicht beendet – das Judentum ist nach wie vor über die ganze Welt zerstreut –, doch mit dem Ende der babylonischen Herrschaft und dem Auftreten der Perser wurde den Deportierten die Heimkehr nach Juda erlaubt, und sie durften den zerstörten Tempel in Jerusalem wiederaufbauen. Mit dessen Wiedereinweihung begann die Zeit des Zweiten Tempels (515 v. Chr. bis 70 n. Chr.), die grundlegend vom wieder eingerichteten Opferkult geprägt war. Ja, man kann davon ausgehen, dass der Opferbetrieb am zweiten Tempel erheblich intensiver ausgestaltet war als am ersten: Opferte man zuvor vor allem anlässlich der Feste, so wurden nun täglich Tiere in großer Zahl als Opfer dargebracht. Der Opferkult in Jerusalem entwickelte sich zum zentralen ökonomischen Motor der Stadt: Viehhändler brachten ihre Tiere in die Stadt, die von den Opferherren gekauft und dann am Tempel dargebracht wurden. Nach der Zentralisation des Kultes in Jerusalem war es nur wenigen Menschen aus dem unmittelbaren Umland der Stadt möglich, ihre eigenen Opfertiere mitzubringen. Alle anderen mussten sie erst in der Stadt erwerben. Diese Tempelökonomie ist der sachliche Hintergrund der Tempelreinigungsszene in Johannes 2, welche die besonders umtriebige Zeit des Passafestes betrifft:

> Das Passa der Juden war nahe, und Jesus zog nach Jerusalem hinauf. Und im Tempel traf er auf die Verkäufer von Rindern, Schafen und Tauben und auf die Wechsler, die da saßen. Da machte er eine Peitsche aus Stricken und trieb alle aus dem Tempel hinaus, auch die Schafe und die Rinder, und das Geld der Wechsler schüttete er aus, die Tische stieß er um; und zu den Taubenverkäufern sprach er: Schafft das fort von hier! Macht das Haus meines Vaters nicht zur Markthalle! (Johannes 2,13–16)

Es ist ohne weiteres deutlich, dass diese Auseinandersetzungen zur Zeit Jesu sich nicht um Heilige Schriften, sondern um den Opferkult am Tempel drehen. Natürlich waren die Bücher der Hebräischen Bibel damals bereits im Wesentlichen abgeschlossen und sie lagen wohl im Tempel vor, doch ihnen kam im Rahmen der damaligen jüdischen Religion keine zentrale Bedeutung zu. Im Zentrum stand vielmehr der Jerusalemer Tempel.

Die biblische Epoche ist also – mit einer Unterbrechung von 587 bis 515 v. Chr. – durch das Vorhandensein eines Tempelkults geprägt. Sie kennt aber verschiedene Schriften und Schriftensammlungen, die nach und nach entstehen und an Bedeutung gewinnen oder aber vergessen oder aussortiert werden. Erst die jüngsten Stücke des Alten Testaments bezeugen die Vorstellung, dass Texten Heiligkeit zukommt und sie auch selbst Gegenstand kultischer Verehrung werden können. So wird in Nehemia 8 die Verlesung der Tora durch Esra geschildert. Aufgrund ihrer sachlichen Nähe zum Synagogengottesdienst wird diese Darstellung kaum früher als in das 3. oder 2. Jahrhundert v. Chr. zu datieren sein.

> Und Esra öffnete das Buch vor den Augen des ganzen Volks. Denn er war über dem ganzen Volk. Und als er es öffnete, stand das ganze Volk auf. Und Esra pries JHWH, den großen Gott. Und das ganze Volk antwortete mit erhobenen Händen: Amen! Amen! Und sie verneigten sich und warfen sich nieder vor JHWH, mit dem Angesicht zur Erde. Und Jeschua, Bani, Scherebja, Jamin, Akkub, Schabbetai, Hodija, Maaseja, Kelita, Asarja, Josabad, Hanan und Pelaja und die Leviten machten dem Volk die Tora verständlich, und das Volk blieb an seinem Platz. Und sie lasen abschnittweise vor aus dem Buch, aus der Tora Gottes. Und sie vermittelten Einsicht, und man verstand das Vorgelesene. (Nehemia 8,5–8)

Mit der zunehmenden religiösen Verbindlichkeit der späteren biblischen Schriften hängt auch zusammen, dass nicht alles, was im antiken Israel und Juda geschrieben wurde, literarisch erhalten geblieben ist. So ist etwa nicht auszuschließen, dass die heilsprophetischen Überlieferungen der vorexilischen Zeit auch schriftlich niedergelegt worden waren. In Jeremia 28 wird von einer Auseinandersetzung des Propheten Jeremia mit dem Propheten Hananja berichtet. Anders als Jeremia geht Hananja davon aus, dass die babylonische Militärmacht wieder abziehen werde. Es ist möglich, dass auch die Prophetie Hananjas aufgeschrieben, dann aber nicht weiterüberliefert wurde.

Weiter nennt die Bibel selbst einige Schriften, die heute verloren sind, so etwa das Buch der Kriege JHWHs (Numeri 21,14), das Buch des Aufrechten (Josua 10,13; 2. Samuel 1,18), das Buch des Liedes (1. Könige 8,53a^{LXX}), das Buch der Geschichte Salomos (1. Könige 11,41), das Buch der Geschichte der Könige von Israel (1. Könige 14,19) oder das Buch der Geschichte der Könige von Juda (1. Könige 14,29). Auch wenn manche dieser Titel fiktiv sein könnten, so sind sie doch nicht in ihrer Gesamtheit erfunden. Weshalb diese Schriften nicht mehr vorhanden sind, wissen wir nicht. Möglicherweise waren sie mit den theologischen Grundüberzeugungen des nachexilischen Judentums nicht konform und wurden deshalb im Zuge der Traditionsbildung ausgesondert.

Die Hebräische Bibel enthält so zwar einen wichtigen Teil, aber eben doch nur einen Ausschnitt der Literatur des antiken Israel und Juda, die nur partiell erhalten geblieben ist. Die vorliegende Auswahl von Texten ist nur wirkungsgeschichtlich erklärbar: Eingang in die Bibel haben Gebrauchstexte gefunden, die sich im Jerusalemer Tempel und seiner Tempelschule als Heilige Schrift durchgesetzt haben.

Die Anfänge der Schriftkultur

Die Ausbildung der Schriftkultur und des Schreiberwesens in Israel und Juda bildet den kulturgeschichtlichen Rahmen, in dem sich die Entstehung der Bibel und ihre Entwicklung zur Heiligen Schrift abgespielt haben. Israel und Juda sind, historisch gesehen, Spätlinge im Vorderen Orient: Die großen Reiche am Nil und an Euphrat und Tigris sind um zwei bis drei Jahrtausende älter und haben den Verlauf der altorientalischen Kulturgeschichte schon sehr viel früher und sehr viel entscheidender bestimmt.

Die Schrift scheint in Ägypten und Mesopotamien im 4. Jahrtausend v. Chr. unabhängig voneinander entstanden zu sein. Ihre Erfindung markiert für die Geschichtswissenschaft eine, wenn nicht die wichtigste Zäsur in der Menschheitsgeschichte: Sie trennt die Prähistorie von der Geschichte, die geradezu dadurch definiert ist, dass für ihre Rekonstruktion schriftliche Quellen vorliegen. Doch auch in anthropologischer Hinsicht war die Einführung der Schrift von grundlegender Bedeutung: Mit der Möglichkeit, Wissen aus dem menschlichen Gedächtnis in Texte auszulagern, zu akkumulieren und für künftige Generationen aufzubewahren, erweiterten sich die Möglichkeiten des Menschen enorm und nahm die Entwicklung der Spezies Homo sapiens einen rasanten Aufschwung.

Die in Ägypten und Mesopotamien gebräuchlichen Schriftformen arbeiten mit Logogrammen und somit einer Vielzahl von Zeichen, die entweder Worte oder Silben symbolisieren. Mit der Herausbildung der Alphabetschrift, die vor allem durch die Phönizier vorangetrieben wurde, vereinfachte sich das Schreiben enorm. Statt Tausender Zeichen waren nur noch gut zwanzig zu beherrschen, die gemäß ihren Lauten zu kombinieren waren.

Das Hebräische entwickelte sich aus dem Phönizischen und existierte zunächst in dialektalen Ausformungen (Israelitisch, Judäisch, Gileaditisch, Moabitisch, Ammonitisch usw.). Die Buchstaben des hebräischen Alphabets verraten sowohl graphisch wie auch von ihrer Benennung her ihre Herkunft aus einer Bilderschrift: Der Buchstabe «Aleph» bedeutet «Rind» und hat die Form eines (um 90 Grad gedrehten) Rinderkopfes, der Buchstabe «Bet» bedeutet «Haus» und ist entsprechend gestaltet, und der Buchstabe «Gimel» leitet sich von «Kamel» ab und erinnert an einen Kamelhöcker.

Mit dem Aufkommen des Aramäischen als Lingua franca im Vorderen Orient seit dem 9. Jahrhundert v. Chr. standardisierte sich auch das mit ihm nahe verwandte Hebräische und wurde zu einer Bildungssprache, der eine gewisse Uniformität zukam. So erklärt sich zumindest teilweise, weshalb das Hebräisch der Bibel – bei allen Unterschieden im Einzelnen – eine erstaunliche Konstanz über die Jahrhunderte aufweist, in denen ihre Texte entstanden sind.

Hebräisch wird in einer Schrift geschrieben, die nur die Konsonanten darstellt. In der ausgehenden Antike, vom 5. Jahrhundert n. Chr. an, begann man, die Vokale durch eine Punktierung des Konsonantentextes zu ergänzen, um die Aussprache und Interpretation des Bibeltextes zu sichern. Hinzu kamen weitere Zeichen, die der Gliederung des Textes dienten. Doch zuvor waren hebräische Texte unpunktiert. Daher lässt sich heute nicht mit letzter Sicherheit sagen, wie das biblische Hebräisch ausgesprochen wurde.

Bis in das 3. Jahrhundert v. Chr. hinein war die – in sich variantenreiche – althebräische Schrift im Gebrauch. Sie konnte aber auch in späterer Zeit gelegentlich gebraucht werden, etwa von den Samaritanern, den Nachfahren des ehemaligen Königreichs Israel. Demgegenüber begann sich die Quadratschrift wahrscheinlich mit der im Perserreich gebräuchlichen Verwaltungssprache des Aramäischen nach und nach durchzusetzen. Hebräisch und Aramäisch werden in derselben Schrift geschrieben. Die älteste Bezeugung der Quadratschrift findet sich in der Tobiah-Inschrift von Iraq al-Amir im Ostjordanland (3. Jahrhundert v. Chr.). Vorstufen dieses Prozesses lassen sich bereits in den aramäischen Texten aus der jüdischen Militärkolonie auf der Nilinsel Elephantine in der Nähe des heutigen Assuan erkennen, die in das 5. und beginnende 4. Jahrhundert v. Chr. gehören.

Vergegenwärtigt man sich die epigraphischen Funde aus dem frühen ersten vorchristlichen Jahrtausend, so wird schnell deutlich, dass im 10. und 9. Jahrhundert v. Chr. die kulturelle Entwicklung der Schrift und des Schreibens im Bereich von Israel und Juda noch nicht sehr weit vorangeschritten war. Der Gezer-Kalender, die Inschrift auf einem Krug im Ophel-Areal in Jerusalem, die Baal-Inschrift aus Bet Schemesch und das Ostrakon aus Khirbet Qeiyafa entstammen wahrscheinlich dem 10. Jahrhundert v. Chr. Diese zumeist sehr kurzen und zum Teil auch fragmentarischen Texte weisen insgesamt auf eine erst rudimentär entwickelte Schriftkultur hin.

Ein anderes Bild ergibt sich im Bereich des Nordens ab dem 9. Jahrhundert v. Chr. Archäologisch datieren lässt sich in diese

Ostrakon aus Khirbet Qeiyafa, ca. 10. Jahrhundert v. Chr.

Zeit die 1967 entdeckte Wandinschrift aus Tell Deir ʿAlla, einer kleinen Siedlung im Ostjordanland nahe der Mündung des Jabbok in den Jordan. Aufgrund der Zerstörungen durch ein Erdbeben ist sie nur noch fragmentarisch erhalten, doch es ist erkennbar, dass sie den auch aus der Bibel bekannten «Bileam, der Sohn des Beor» erwähnt (vgl. Numeri 22–24). Es spricht vieles dafür, den Raum, in dem diese Wandinschrift entdeckt wurde, als Schreiberschule zu identifizieren. Da die Inschrift in einem Dialekt, der dem Aramäischen nahesteht, abgefasst ist und auch keine religionsgeschichtliche Nähe zu Israel und Juda zeigt, kann man davon ausgehen, dass diese Schule ein Außenposten von Aram war. Gleichwohl ist sie im Blick auf die Entwicklung und Einschätzung der Schriftkultur im antiken Israel von großer Bedeutung, da sie zeigt, dass bereits im 9. Jahrhundert v. Chr. in unmittelbarer Nachbarschaft die Abfassung recht umfangreicher Texte möglich gewesen ist.

In eine ähnliche Richtung deutet die sogenannte Mescha-Stele, die 1868 in Dibon, südlich des heutigen Amman, im Ostjordanland entdeckt wurde. Sie lässt sich ebenfalls in das 9. Jahrhundert v. Chr. datieren. Auf einer Länge von 34 Zeilen gibt sie Auskunft über die Geschichte des Königtums Moab unter ihrem König Mescha, der auch in der Bibel erwähnt wird (2. Könige 3,26–27). Die Mescha-Stele nennt ihrerseits König Omri von Israel sowie den Gott Israels, JHWH.

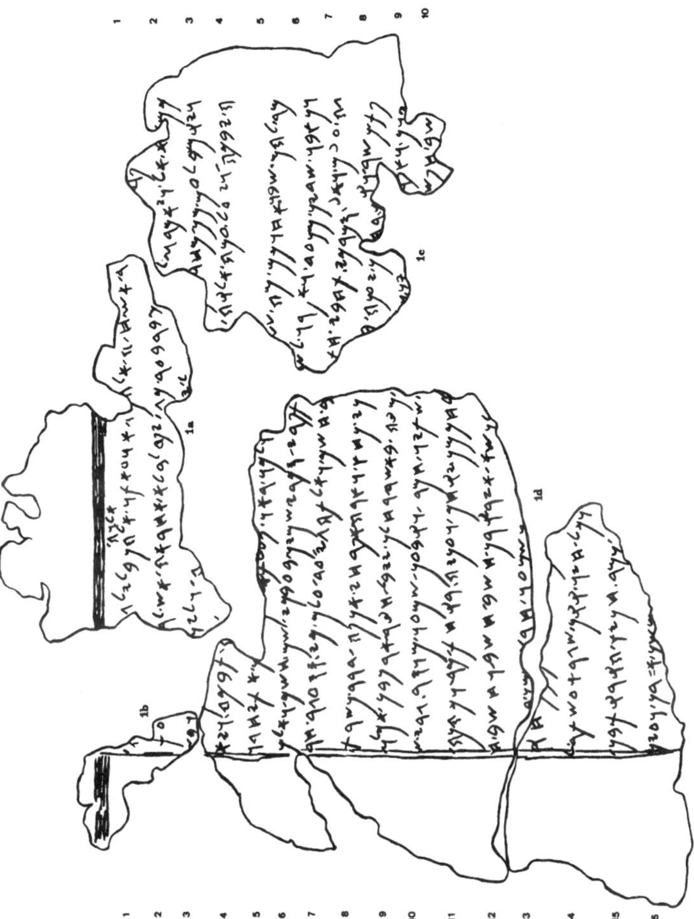

Bileam-Inschrift aus Tell Deir 'Alla, 9. Jahrhundert v. Chr.

Die erste eindeutig hebräische Inschrift aus dem antiken Israel und Juda ist die Siloah-Inschrift aus dem späten 8. Jahrhundert v. Chr. Sie berichtet über den Durchstich des Siloah-Tunnels in Jerusalem, der unterirdischen Wasserleitung von der Gihon-Quelle zum Siloah-Teich. Die Datierung der Inschrift sowie des Tunnels in das 8. Jahrhundert v. Chr. ist allerdings nicht ganz sicher. Sie hängt an der Zuweisung des Tunnelbaus an Hiskia von Juda (2. Könige 20,20; 2. Chronik 32,3–4.30; vgl. Sirach 48,17), die archäologisch wahrscheinlich, aber nicht beweisbar ist. Erstaunlich ist allerdings, dass die Inschrift selbst weder einen König nennt noch an einem öffentlichen Ort angebracht wurde, sie also kaum einem offiziellen Kontext entstammt: Sie wurde 1880 sechs Meter vor der östlichen Öffnung des Tunnels entdeckt. Vielleicht ist sie auch ein Hinweis darauf, dass die Literalität der judäischen Bevölkerung nicht nur wie üblich auf die Schreiberkaste beschränkt war.

Dieser Gesamteindruck deckt sich mit drei weiteren Beobachtungen. Erstens kann man anhand der erhaltenen hebräischen Inschriften feststellen, dass die Schreibrichtung (von rechts nach links) erst vom 9. Jahrhundert v. Chr. an festlag. Dies ist ein Indiz dafür, dass vor diesem Zeitpunkt kaum längere Texte entstanden sein konnten, die eine solche Konvention überhaupt erforderten. Zweitens kam die Schriftprophetie in Israel und Juda zu einer Zeit auf, in der auch die Schriftkultur, die das Entstehen literarischer Texte ermöglichte, eine hinreichende Ausprägung erlangte, nämlich im 8. Jahrhundert v. Chr. Schon den Bibelforschern des 19. Jahrhunderts fiel auf, dass von Elia kein eigenes Buch überliefert worden ist, von Jesaja aber schon. Zwischen diesen beiden Propheten liegt das Aufkommen einer Schriftkultur, die immerhin so weite Kreise zog, dass diese Jesaja, aber auch Amos oder Hosea und/oder ihre Tradenten mit einschlossen. Drittens werden ab dieser Zeit Israel und etwas später Juda in altorientalischen Quellen, vor allem in assyrischen Königsinschriften, als Staaten wahrgenommen und erwähnt, was umgekehrt auf einen gewissen kulturellen Entwicklungsstand schließen lässt, der nicht zuletzt auch das Schreiberwesen betrifft.

Die Siloah-Inschrift aus dem 8. Jahrhundert v. Chr.

Nun darf diese auf bescheidene Verhältnisse hindeutende Bestandsaufnahme allerdings nicht zu der Fehlannahme verleiten, die Schriftkultur im geographischen Bereich des antiken Israel und Juda sei erst ein oder zwei Jahrhunderte nach David und Salomo aus dem Nichts entstanden. Vielmehr ist in Rechnung zu stellen, dass Jerusalem bereits in der Bronzezeit eine vergleichsweise bedeutende Stadt war. Mit der sogenannten Amarna-Korrespondenz ist sogar ein intensiver Briefwechsel zwischen dem Jerusalemer Stadtkönig Abdi-Ḫepa mit dem Pharao in Amarna belegt, der von einem entwickelten Schreiberwesen in Jerusalem zeugt.

Nicht nur Jerusalem, sondern die Levante insgesamt war in der Bronzezeit durch eine ausgeprägte Stadtkultur gekennzeichnet, in der es selbstverständlich auch Schreiber gab, die anhand von klassischen Texten ausgebildet wurden. Davon zeugt besonders eindrücklich ein Tontafelfragment des Gilgamesch-Epos aus dem 14. Jahrhundert v. Chr., das in Megiddo gefunden wurde. Bemerkenswerterweise zeigt eine Materialanalyse, dass es sich um einheimischen Ton handelt: Die Tafel wurde also nicht aus Mesopotamien importiert, sondern im Bereich des südlichen Juda hergestellt und deshalb auch aller Wahrscheinlichkeit nach im Land selbst beschrieben.

Gleichwohl besteht keine direkte Kontinuität dieser bronzezeitlichen Kultur zum Schreiberwesen in Israel und Juda, das sich, wie gesehen, vom 9. und 8. Jahrhundert an zu entwickeln begann: Die Stadtkönigtümer in Kanaan gingen gegen Ende der Bronzezeit, im 11. Jahrhundert v. Chr., unter. In der Forschung des 20. Jahrhunderts brachte man diesen Niedergang mit dem Aufkommen der Philister in Zusammenhang, während man heute eher mit verschiedenen, auch natürlichen Faktoren rechnet, etwa einer ausgedehnten Dürreperiode, die sich archäobotanisch nachweisen lässt.

Die auch für das königszeitliche Israel und Juda anzunehmenden Schreiberschulen dienten der Ausbildung von Beamten und Priestern, die mit Texten administrativen Inhalts beschäftigt waren, aber wohl auch traditionelles Material der religiösen und kulturellen Überlieferung – vor allem zu Ausbildungszwecken – nieder- und fortgeschrieben haben. Der epigraphische Befund aus dem königszeitlichen Israel bezüglich Schrift und Orthographie weist aufgrund des vergleichsweise hohen Standardisierungsgrads mit ausreichender Sicherheit darauf hin, dass es entsprechende Ausbildungsorte – «Schulen» – gegeben hat, an denen die Schreiber trainiert wurden. Anders sind derartige Standardisierungen nicht erklärbar. Wie man sich solche «Schulen» vorzustellen hat, ist allerdings unklar. In der Bibel werden sie nur in Sirach 51,23 und Apostelgeschichte 19,9 erwähnt.

Der Stand des Schreibers hingegen ist sowohl epigraphisch wie auch biblisch gut bezeugt. Die Bezeichnungen «Schreiber des Königs» bzw. «königlicher Schreiber» (2. Könige 12,11; 2. Chronik 24,11, vgl. Ester 3,12; 8,9) weisen darauf hin, dass eine solche Ausbildung wohl zunächst am königlichen Palast angesiedelt war, an dem es laut Jeremia 36,12 auch eine «Schreiberkammer» gab. Auch militärische Belange sind von Schreibern dokumentiert worden, wie es das Amt eines «Schreibers des Heerführers» belegt (2. Könige 25,19; Jeremia 52,25). Eine Untersuchung von sechzehn Ostraka militärischen Inhalts aus Arad, einem wichtigen Militärstützpunkt im Negev vom Beginn des 6. Jahrhunderts v. Chr., hat gezeigt, dass die Ostraka nicht auf einen einzelnen professionellen Schreiber zurückgehen, sondern dass mindestens sechs unterschiedliche Hände am Werk gewesen sein müssen. Es scheinen also mehrere Personen der militärischen Belegschaft in Arad des Schreibens kundig gewesen zu sein – die Schreibfähigkeit im Militär war damals offenbar recht verbreitet.

Auch wenn man also davon ausgehen darf, dass die ältesten Texte der Bibel nicht vor dem 9. oder 8. Jahrhundert v. Chr. aufgeschrieben worden sind, heißt das nicht, dass ihre Stoffe nicht älter sein können. Viele der Erzählungen, Lieder, Sprüche oder Rechtssätze der Bibel sind traditioneller Natur und blicken – das zeigen vergleichende kulturgeschichtliche Überlegungen – auf eine zum Teil lange mündliche Überlieferungsgeschichte zurück. Diese ist allerdings in der Regel schwer zu fassen, geschweige denn im Einzelnen zu rekonstruieren. Trotzdem ist die

Zäsur, die durch die Schriftwerdung der über Generationen hinweg mündlich überlieferten Traditionen markiert wird, nicht zu unterschätzen. Die Texte werden in einer bestimmten Sprachform und Reihenfolge fixiert, man kann sich auf sie beziehen, sie lassen sich auslegen und fortschreiben. All dies ist vom Anfang ihrer Schriftwerdung an mit der Literatur des antiken Israel und Juda dann in der Folgezeit auch geschehen.

Frühe Psalmen und Weisheitssprüche

Die Kultliteratur des ersten Tempels in Jerusalem, der vom 10. Jahrhundert bis 587 v. Chr. bestand, ist zum Teil im Buch der Psalmen erhalten geblieben, das aber auch erheblich jüngere Texte enthält. Darin zeigen sich Konturen einer umfassenden theologischen Vorstellung, die man als Jerusalemer Kulttradition bezeichnet hat. In ihrem Zentrum steht der mächtige Ziónsgott, der Jerusalem und seinen davidischen König beschützt und der für die Prosperität des Umlandes und die Wahrung von Recht und Gerechtigkeit zuständig ist. Die Grundvorstellung ist dabei, dass Gott den lebensfreundlichen Kosmos gegenüber dem lebensfeindlichen Chaos verteidigt. In den kanaanäischen Stadttheologien wurde dieser Antagonismus oft mit dem Motiv des Chaoskampfes illustriert. Die Kultlyrik des Alten Testaments kennt und thematisiert dieses Motiv, transformiert aber den Kampf zu einer bereits vollkommen befriedeten Szene, wie etwa Psalm 93 (1–4) zeigt:

> JHWH ist König. Mit Hoheit ist bekleidet,
> ist bekleidet JHWH, er hat sich gegürtet mit Macht.
> Fest steht der Erdkreis, er wankt nicht.
> Fest steht dein Thron von Anbeginn, von Ewigkeit her bist du.
> Ströme erhoben, JHWH,
> Ströme erhoben ihre Stimme,
> Ströme erheben ihr Tosen.
> Mächtiger als das Donnern gewaltiger Wasser,
> mächtiger als die Brandungen des Meeres
> ist mächtig JHWH in der Höhe.

Gott wird in diesem Psalm als absolut souveräne Macht gezeichnet. In grauer Vorzeit hatten die Chaoswasser ihre Stimme gegen ihn erhoben, doch ein Kampf gegen sie war angesichts des mächtigen Thronens Gottes über ihnen gar nicht nötig. Psalm 93 zeigt so deutlich die Verwurzelung der Jerusalemer Kulttradition in ihrer Umwelt, aber auch ihre eigene theologische Prägung.

Zu den königszeitlichen Texten der Hebräischen Bibel gehören auch die älteren Überlieferungen, die unter dem Begriff «Weisheitsliteratur» zusammengefasst werden. Unter «Weisheit» versteht man im Alten Orient ein intellektuelles Orientierungsgefüge, das Erfahrungswissen lebenspraktisch verdichtet und das sich in unterschiedlichen sprachlichen Formen wie Sprüchen, Lehrreden oder lehrhaften Erzählungen niederschlagen kann. Sie ist von ihrer Eigenart her international ausgerichtet – grundlegendes menschliches Erfahrungswissen umfasst den gemeinsamen Kulturraum des Alten Orients – und nicht explizit religiös geprägt – Gott kann in diesen Traditionen Erwähnung finden, muss aber nicht.

Im Bereich der Hebräischen Bibel dürften vor allem die in Sprüche 10–29 gesammelten Sprüche und Kompositionen ein hohes Alter haben. Ihr literatursoziologischer Ort ist nicht ganz klar. Die mündlichen Ursprünge der Weisheitsliteratur mögen in der Familienüberlieferung liegen. Viele der «weisheitlichen» Aussagen spiegeln auch außerisraelitisch verbreitete Common-Sense-Überzeugungen wider, die sich nicht ohne weiteres in *ein* separates Segment der Sozialgeschichte Israels und Judas einzeichnen lassen. Allerdings finden sich in Sprüche 22–24 auch Inhalte, die sich eng an ägyptische Vorbilder anschließen und kaum außerhalb eines gelehrten Schreibermilieus, das über die entsprechenden Kulturkontakte verfügte, entstanden sein können.

Die prophetische Überlieferung

Die Prophetie ist für die Schriftwerdung der Bibel von besonderer Bedeutung, denn es liegt in ihrem Wesen der Übermittlung von Gottesbotschaften begründet, dass sie – in schriftlicher Form – entscheidenden Anteil daran hat, dass eine Vorstellung von normativen Texten ausgebildet wird.

Prophetie ist ein Phänomen, das nicht nur aus Israel und Juda bekannt ist, sondern auch anderorts im Alten Orient bezeugt ist. Am bekanntesten sind die prophetischen Texte aus Mari am oberen Euphrat aus dem 18. Jahrhundert v. Chr. und aus Assur aus dem 7. Jahrhundert v. Chr., die durch die Ausgrabungen in Mesopotamien im 19. Jahrhundert entdeckt worden sind. Die altorientalische Prophetie ist im weiteren Kontext der Divination zu sehen: Mittels spezifischer Techniken versuchten Spezialisten, göttlich vermitteltes Zukunftswissen zu erhalten, um den Königshof in militärischen, wirtschaftlichen oder allgemein politischen Fragen zu beraten. Doch es gibt einen entscheidenden Unterschied zur biblischen Prophetie: Die mesopotamische Prophetie ist durch Zufall ausgegraben worden, während die biblische über Jahrhunderte und Jahrtausende hinweg als maßgebliches Traditionsgut weiterüberliefert wurde.

In der Bibel sind prophetische Bücher von Einzelgestalten im Kanonteil «Hintere Propheten» erhalten geblieben. So prominent Jesaja, Jeremia, Ezechiel und die zwölf sogenannten «kleinen Propheten» geworden sind – die Gestalten hinter diesen Büchern repräsentierten aufgrund ihrer regime- und kultkritischen Botschaften wohl zunächst eine randständige Subkultur. Erst mit den nationalen Katastrophen in den Jahren 722 und 587 v. Chr., dem Untergang zunächst Israels, dann Judas, stiegen sie zu autoritativen Figuren auf. Aufgrund der engen Verflochtenheit mit ihrem unmittelbaren geschichtlichen Umfeld, die ihre Überlieferungen bezeugen, vor allem aber aufgrund ihrer schon früh greifbaren Wirkungsgeschichte ist es unzweifelhaft, dass diese Propheten in ihrer Mehrzahl als historische Figuren zu gelten haben. Nur Joel, Jona und Maleachi sind wahrscheinlich literarische Konstruktionen: Die Joelüberlieferung verzichtet ganz auf eine historische Selbstsituierung und ist durchgängig von schriftgelehrter Ausprägung vorgegebener Texte hauptsächlich aus anderen Prophetenbüchern gekennzeichnet. Eine prophetische Einzelgestalt lässt sich hinter dieser Schrift nicht ausmachen. Das Jonabuch ist eine Besonderheit, da es insgesamt eine Prophetenerzählung darstellt, deren Hauptfigur zwar in 2. Könige 14,25 erwähnt wird, aber das Buch ist eine literarische Fiktion. Maleachi («mein Bote») ist ein Kunstname; der Kern des Buches schließt inhaltlich und formal eng an die vorangehende Sacharjaüberlieferung an und führt diese fort.

Die als Schriftpropheten bekannt gewordenen Gestalten scheinen sich zum Teil explizit von der institutionalisierten Prophetie abgesetzt zu haben, mit der man am Königshof und am Tempel zu rechnen hat. Amos etwa reagiert auf seine Ausweisung aus dem Heiligtum in Bethel wie folgt:

> Ich bin kein Prophet, und ich bin kein Schüler eines Propheten, sondern ich bin ein Viehhirt und ritze Maulbeerfeigen. JHWH aber hat mich weggenommen von den Schafen, und JHWH hat zu mir gesprochen: «Geh, prophezeie meinem Volk Israel!» (Amos 7,14–15)

Diese Entgegnung ist nur verständlich vor dem soziologischen Hintergrund hauptberuflicher Hofprophetie, wie sie etwa in 1. Könige 22 beschrieben wird: Amos bestreitet für sich ja nicht, dass er selbst Prophezeiungen von sich gibt, er distanziert sich aber von den institutionalisierten «Propheten», die ihre vorhersehbaren Expertisen konstruieren. Amos selbst nimmt für sich in Anspruch, gerade in keinen solchen institutionellen Kontext eingebunden zu sein – er hütet nur Schafe und ritzt Maulbeerfeigen, aber er hat das Wort Gottes.

Erkennbar wird die besondere Problemlage der später so genannten Schriftpropheten auch im Jesajabuch: In seiner Beauftragungsvision erhält Jesaja von Gott folgenden, theologisch geradezu absurden Auftrag:

> Und er [sc. Gott] sprach: Geh, und sprich zu diesem Volk: Hören sollt ihr, immerzu hören, begreifen aber sollt ihr nicht! Und sehen

> sollt ihr, immerzu sehen, verstehen aber sollt ihr nicht! Mach das Herz dieses Volks träge, mach seine Ohren schwer, und verklebe seine Augen, damit es mit seinen Augen nicht sieht und mit seinen Ohren nicht hört und damit sein Herz nicht begreift und damit es nicht umkehrt und sich Heilung verschafft. (Jesaja 6,9–10)

In der Bibelwissenschaft wurde oft gerätselt, wie dieser Auftrag zu interpretieren sei. Am plausibelsten ist die sogenannte Rückprojektionshypothese: In Jesaja 6,9–10 ist die erfolglose Wirkung der Verkündigung Jesajas mit seiner Beauftragung verbunden worden. Das heißt: Hinter der Formulierung der Beauftragung Jesajas zum Propheten steht bereits die Erfahrung seines Scheiterns. Dieser Text erklärt also, weshalb Jesaja zu Lebzeiten nicht gehört wurde. Zudem zeigt die schriftliche Fixierung von Jesajas Botschaft, dass diese für spätere Zeiten von Bedeutung ist – nämlich für die Gegenwart seiner Leserschaft, die das Buch nach dem Eintreffen des angekündigten Gerichts liest.

Das Aufkommen der Schriftprophetie in Israel koinzidiert zeitlich mit dem Untergang des Nordreichs Israel, vielleicht ist es sogar dadurch bedingt. Jedenfalls dürfte der Verlust der Staatlichkeit im Norden den Erfolg der Schriftprophetie stark begünstigt haben: Mit dem Zusammenbruch des Staates und des Königtums stellten sich grundlegende Fragen nach dem Sinn dieses Vorgangs, die man mit dem Rückgriff auf die Kult- und Sozialkritik der Prophetie zu beantworten versuchte.

Man kann damit rechnen, dass der Kernbestand der Prophetie des Alten Testaments ursprünglich mündlich gewesen ist. Darauf deutet die Verwendung bestimmter Formen und Gattungen hin, die für die mündliche Verkündigung typisch sind. Auch die erzählende Literatur, die von Prophetie berichtet, legt diese Annahme nahe. Doch sind diese ursprünglich mündlichen Einheiten textlich kaum mehr sicher zu rekonstruieren. Es ist vielmehr davon auszugehen, dass bereits der Vorgang der Erstverschriftung bestimmter Logien mit interpretativen Anpassungen einhergegangen ist, so dass die Einzelworte nur noch im Rahmen dieses neu entstandenen Lesezusammenhangs verstanden werden sollen. Besonders deutlich lässt sich dies an Hosea 4–11 erkennen. Dieser Textbereich ist nicht durch Zwischenüberschriften unterbrochen und nötigt die Leserschaft, von einem Text zum nächsten weiterzulesen. Die dahinterstehende Überzeugung ist offenbar, dass die nun schriftlich niedergelegten Prophetenworte nur in ihrem Ensemble angemessen rezipiert werden können.

Ursprungsmythen: Erzeltern- und Exodusüberlieferung

Von den Erzählungen über die Erzeltern Israels – Abraham und Sara, Isaak und Rebekka sowie Jakob und Lea und Rahel – dürften die Jakoberzählungen die ältesten sein. Dies lässt sich etwa daran erkennen, dass Jakob außerhalb der Tora, etwa in der Prophetie und den Psalmen, eine wichtige Rolle spielt, während Abraham und Isaak dort erst in jüngeren Texten auftreten.

Die Erzählungen um den Ahnvater Jakob (Genesis 25–35) sind wahrscheinlich am Reichsheiligtum des Nordreichs Israel, in Bethel, tradiert und gepflegt worden, wie sich aufgrund der prominenten Funktion dieses Heiligtums im Rahmen des Jakobzyklus erkennen lässt. In Bethel erhält Jakob eine entscheidende Offenbarung von Gott (Genesis 28,12–15), und dort spricht er ein Gelübde aus, das für die Leserschaft auf die Begründung einer Tempelsteuer in Bethel hinausläuft:

> Dann gelobte Jakob ein Gelübde und sprach: Wenn Gott mit mir ist und mich auf diesem Weg, den ich jetzt gehe, bewahrt, wenn er mir Brot zu essen und Kleider anzuziehen gibt und wenn ich wohlbehalten in das Haus meines Vaters zurückkehre, so soll JHWH mein Gott sein. Und dieser Stein, den ich als Mazzebe aufgerichtet habe, soll ein Gotteshaus werden, und alles, was du mir geben wirst, will ich dir sicher verzehnten. (Genesis 28,20–22)

Es ist kaum damit zu rechnen, dass eine solche Aussage nach der Kultzentralisation durch den König Josia in Jerusalem noch möglich gewesen wäre. Diese hat ihren literarischen Niederschlag in 2. Könige 22–23 gefunden und dürfte in das ausgehende 7. Jahrhundert v. Chr. gehören. Die Substanz des Jakobzyklus wird also aus der Zeit vor Josia stammen. Dass die

Erzählungen um Jakob im Nordreich Israel beheimatet sind, lässt sich weiter an den geographischen Orten ablesen, die in diesen Texten genannt sind: Jakob kommt nie nach Jerusalem, Hebron, Gerar oder Mamre, alle diese Orte liegen im Süden und spielen in der Abraham- und Isaaküberlieferung eine Rolle. Dafür findet man Jakob in Erzählungen, die in Sichem, Mahanajim, Pnuël und Bethel spielen, die zum Nordreich gehören.

Auch wenn die Jakoberzählungen die Gestalt von Familiengeschichten haben und in einer Zeit spielen, in der es noch keine Staaten in der Levante gab, sind sie doch als literarische Größen zutiefst politisch geprägt. Man geht davon aus, dass bereits ihre älteste literarische Gestalt auf die politischen Einheiten bezogen ist, die durch die Stammvätergestalten repräsentiert werden: Jakob ist Israel, Esau ist Edom. Möglicherweise hatten die Jakoberzählungen mündliche Vorstufen, die noch nicht primär politisch motiviert waren. Doch schon die ältesten schriftlichen Fassungen, mit denen ab dem 8. Jahrhundert v. Chr. zu rechnen ist, setzen Israel mit den Nachbarstaaten Edom und Aram ins Verhältnis.

Neben den Jakobüberlieferungen gehört auch die Exoduserzählung ursprünglich in den Norden. Ihre mündlichen Vorstufen zählen zum ältesten Überlieferungsgut der Bibel, wie außerhalb der Tora die vielfachen, formelhaften Bezugnahmen auf die Bedeutung des Auszugs Israels aus Ägypten für die Identität Israels zeigen. Ihr Held, Mose, war wahrscheinlich eine historische Gestalt. Hinweise darauf sind sein ägyptischer Name (das Namenselement «Mose» begegnet etwa auch in «Ramose» oder «Thutmosis») und die Überlieferung, dass er mit einer ausländischen Frau verheiratet gewesen sein soll (Exodus 2,21; Numeri 12,1): Beides wäre kaum in späterer Zeit erfunden worden, wenn die Überlieferung dies nicht bereits vorgegeben hätte.

Es ist schwer, die historischen Hintergründe des Exodus zu ermitteln. Sicher ist, dass er nicht so stattgefunden hat, wie ihn die Bibel beschreibt: Ein solcher Massenauszug hätte Spuren hinterlassen, die archäologisch auffindbar wären, was aber nicht der Fall ist. Vor allem aber gab es noch kein Volk Israel, das geschlossen aus Ägypten hätte ausziehen können. Es entstand erst nach und nach im Land Kanaan selbst. Wie die fehlenden Kulturdifferenzen und Zivilisationsumbrüche in der späten Bronzezeit zeigen, entwickelte sich Israel aus Kanaan im Wesentlichen aufgrund von gesellschaftlichen Differenzierungsprozessen: Die sich aus den Städten in den Ebenen abspaltenden Bevölkerungselemente, die im 11. Jahrhundert v. Chr. das palästinische Bergland besiedelten, konstituierten das spätere Israel, das aber zu ansehnlichen Teilen aus den kanaanäischen Städten stammte.

Die biblische Exodusdarstellung dürfte auf verschiedene geschichtliche Erfahrungen zurückgehen, die zu einer mythischen Ursprungstradition verdichtet worden sind. Wanderbewegungen von kanaanäischen Bevölkerungsgruppen zwischen Ägypten und der Levante sind gut bezeugt. So erwähnen etwa ägyptische Dokumente von Grenzbeamten durchziehende Nomaden, die sich saisonal in Ägypten aufhielten, dann aber wieder in den asiatischen Raum zurückkehrten:

> Eine andere Mitteilung für meinen Herrn: Wir sind damit fertig geworden, die Schasu-Stämme von Edom durch die Festung des Merneptah in *Tkw* [gemeint ist wahrscheinlich der ägyptische Ort Sukkot, der auch in Exodus 12,37; 13,20 und Numeri 33,5 genannt wird] passieren zu lassen bis zu den Teichen von Pitom des Merneptah in *Tkw*, um sie und ihr Vieh durch den guten Willen des Pharao, der guten Sonne eines jeden Landes, am Leben zu erhalten, im Jahr 8, (am Tag) der Geburt des Seth ... Ich habe sie [sc. die Namen der Stämme] auf einem Schriftstück bringen lassen zu dem [Ort], wo sich mein Herr befindet, zusammen mit anderen Namen der Tage, an denen die Festung des Merneptah in *Tkw* von Schasu-Stämmen passiert wurde. (Papyrus Anastasi VI, 53–60: Brief eines ägyptischen Grenzbeamten an seinen Vorgesetzten)

Vermutlich waren es besonders im Nordreich Israel angesiedelte Gruppen, die die Erfahrungen der Wanderungen nach und aus Ägypten in das Überlieferungsrepertoire Israels eingebracht haben. Weiter dürfte die Exodusüberlieferung der innenpolitisch bedingte Rückzug der Ägypter aus der Levante in der späten Bronzezeit beeinflusst haben – unter umgekehrten Vorzeichen: Aus der Sicht der Traditionsbildung zog Israel aus Ägypten aus, nicht Ägypten aus Israel.

Die überlieferungsgeschichtliche Heimat der Exoduserzählung im Norden ergibt sich vor allem aus dem Umstand, dass der Bericht von der Errichtung zweier Reichsheiligtümer im Nordreich durch Jerobeam I. – das eine in Bethel, das andere in Dan – die dort erwähnten beiden goldenen Kälber mit der Exodustradition in Verbindung bringt:

> Darum ging der König mit sich zu Rat, ließ zwei goldene Kälber machen und sprach zum Volk: Lange genug seid ihr nun nach Jerusalem gepilgert! Siehe, deine Götter, Israel, die dich aus dem Land Ägypten heraufgeführt haben. (1. Könige 12,28)

Auch wenn diese Erzählung wahrscheinlich nicht historisch ist und eher in die Zeit Jerobeams II. statt Jerobeams I. gehört (Dan wurde erst im 8. Jahrhundert v. Chr. Teil von Israel), so demonstriert sie doch glaubwürdig die enge Verbindung der Exodustradition mit dem Staatskult im Norden. In dieselbe Richtung weist die Beobachtung, dass der Exodus bei den Propheten des Nordreichs – Hosea und Amos – eine viel prominentere Rolle spielt als etwa bei Jesaja und Micha, die aus dem Südreich Juda stammen.

Die Erzählung von den beiden goldenen Kälbern aus 1. Könige 12 ist in Exodus 32 aufgenommen und später von König Jerobeam I. auf das gesamte Volk Israel übertragen worden, um deutlich zu machen: Die Abgötterei in Israel ist nicht nur eine Sünde, derer sich der König schuldig gemacht hätte, sondern das ganze Volk steht in der Verantwortung. Dass Exodus 32,4 von 1. Könige 12,28 beeinflusst ist und nicht umgekehrt, lässt sich zweifelsfrei aus dem Gebrauch des Plurals («Götter, die dich heraufgeführt haben») in beiden Texten erschließen:

> Und er [d. h. Aaron] nahm es aus ihrer Hand und bearbeitete es mit dem Meißel und machte daraus ein gegossenes Kalb. Da sprachen sie: Das sind deine Götter, Israel, die dich aus dem Land Ägypten heraufgeführt haben! (Exodus 32,4)

In 1. Könige 12 werden zwei Kälber gemacht, in Exodus 32 entsteht nur eines. Der Plural ist also in 1. Könige 12 verankert und von dort in Exodus 32 als Zitat aufgenommen worden.

Im jetzigen Erzählverlauf der fünf Bücher Mose, des sogenannten Pentateuch («das in fünf Gefäßen aufbewahrte Buch»), bildet die Exoduserzählung die Fortsetzung der Genesis, und mit ihrem natürlichen Ende, der Darstellung der Landnahme im Josuabuch, weist sie über den Pentateuch hinaus. Doch sowohl in mündlicher wie in schriftlicher Hinsicht war die Exoduserzählung zunächst ein Überlieferungskomplex für sich, und als solcher hat sie wohl bis in die spätexilische oder sogar frühnachexilische Zeit hinein bestanden. Ihre ursprüngliche Selbständigkeit ergibt sich zum einen daraus, dass sie thematisch und theologisch eine hinreichende Geschlossenheit aufweist, und zum anderen daraus, dass die Erzelterngeschichte (Genesis 12–50) von sich aus keineswegs organisch auf die Exoduserzählung hinführt. So passt der positiv gezeichnete Pharao aus der Josephsgeschichte (Genesis 37–50) nicht zum Bild des tyrannischen Pharao der Exodusgeschichte, und die Israeliten sind in der Josephsgeschichte als umherziehende Kleinviehnomaden gezeichnet, während sie in der Exodusgeschichte als geknechtete Frondienstarbeiter präsentiert werden, die man üblicherweise aus Kriegsgefangenen gewann. Es drängt sich also vielmehr die Annahme auf, dass mit der Erzelternerzählung und der Exoduserzählung zwei vormals selbständige Überlieferungskomplexe literarisch miteinander verbunden worden sind (vgl. in dieser Hinsicht Exodus 1,6–8).

Die Exoduserzählung ist also ursprünglich unabhängig von der Erzelterngeschichte überliefert worden. Sie dürfte auch verschiedene mündliche Vorstufen gekannt haben. Es ist nicht einfach zu entscheiden, ob ihre älteste schriftliche Fassung noch vor dem Fall des Nordreichs (722 v. Chr.) oder erst danach entstanden ist. Auffällig ist bei ihr wie bei der Jakoberzählung, dass sie ohne eine Königsfigur auskommt. Jedenfalls ist die literarische Gestalt der Exoduserzählung vermutlich erst nach 722 v. Chr. entstanden. Ein Hinweis darauf findet sich an ihrem Anfang, bei der Geburtsgeschichte des Mose (Exodus 2,1–10), die eine kritische Rezeption der neuassyrisch überlieferten Sargon-Legende zu sein scheint:

> Scharrukin [Sargon], der mächtige König, der König von Akkad, bin ich. Meine Mutter war eine Priesterin, meinen Vater kenne ich nicht. Mein Vatersbruder bewohnt das Bergland. Meine Stadt ist Azupiranu, die am Ufer des Euphrat liegt. Es empfing mich meine Mutter, die Priesterin, im Verborgenen gebar sie mich. Sie legte mich in einen Korb aus Rohr, mit Pech verschloss sie den Deckel über mir. Sie setzte mich in den Fluss, aus dem ich nicht herauskommen sollte. Es trug mich der Fluss, zu Akki, dem Wasserschöpfer, brachte er mich. Akki, der Wasserschöpfer, holte mich beim Heraufkommen seines Schöpfeimers heraus. Akki, der Wasserschöpfer, zog mich an Sohnes statt groß, Akki, der Wasserschöpfer, setzte mich in sein Gärtneramt ein. Wegen meines Gärtneramtes begann Ischtar, mich zu lieben, und so übte ich [5]4 Jahre das Königtum aus.

Sargon berichtet, dass seine Mutter eine *enitu*-Priesterin gewesen sei, der es verboten war zu heiraten. Sein Vater sei ihm unbekannt. Trotz seiner zweifelhaften Abkunft aber wird er von den Göttern erwählt, was sich in seiner wundersamen Bewahrung in dem Korb sowie dem Umstand zeigt, dass die Göttin Ischtar ihm ihre Liebe schenkt, das heißt, ihm die Königsherrschaft gibt. Die Geburtsgeschichte des Mose macht eine ganz ähnliche Aussage: Die Bewahrung und Rettung des Mose bei seiner Aussetzung auf dem Nil zeigt, dass Gott mit ihm ist. Der neuassyrische Überlieferungshintergrund zeigt dabei exemplarisch die kritische, antiassyrische Ausrichtung der Exoduserzählung: An die Stelle des assyrischen Großkönigs tritt die nichtkönigliche Gestalt des Mose als Objekt göttlicher Erwählung, die Israel von der imperialen Fron befreit.

Mit der Exoduserzählung entsteht erstmals in Israel ein deutlich anti-imperiales Literaturdokument, das Gott selbst absolute, «imperiale» Macht zuerkennt. Dieses Grundmotiv der absolut souveränen Zeichnung Gottes, die mit der grundlegenden Angewiesenheit seines Volkes auf ihn einhergeht, wird sich als ein theologiegeschichtlicher Klassiker erweisen, der besonders für die Ausbildung des Monotheismus von zentraler Bedeutung ist. Er beruht auf einer Anleihe bei einem assyrischen Grundmuster, allerdings in antiassyrischer Wendung. In der Exoduserzählung ist diese antiassyrische Ausrichtung in eine prototypisch gedachte ägyptische Szenerie übertragen worden: Ägypten und sein Pharao – der nicht zufällig namenlos bleibt – stellen keine konkrete imperiale Macht dar, sondern sie stehen für die Institution irdischer Imperien schlechthin.

Rechtssammlungen

Die Hebräische Bibel enthält eine Reihe von Rechtstexten, die in der uns vorliegenden Fassung der Tora erzählerisch in die Vita des Mose von Exodus bis Deuteronomium eingebunden sind. In der Tora halten sich Erzählungen und Gesetze etwa die Waage, in der christlichen Rezeption standen eher Erstere, in der jüdischen eher Letztere im Vordergrund.

Die meisten Rechtssätze sind mit dem Sinai verknüpft. Das Buch Deuteronomium ist als Abschiedsrede des Mose im Ostjordanland, vor dem Eintritt in das Gelobte Land, gestaltet. Es lassen sich vor allem drei Sammlungen erkennen: das sogenannte Bundesbuch (Exodus 20–23, vgl. zur Bezeichnung Exodus 24,7), das Heiligkeitsgesetz (Leviticus 17–26, vgl. zur Bezeichnung Leviticus 19,2; 20,7–8.26; 22,32–33) sowie das deuteronomische Gesetz (Deuteronomium 12–26, vgl. zur Bezeichnung Deuteronomum 17,18). Diese Sammlungen umfassen zum Teil ähnliche Rechtssätze, die sich zueinander wie Vorlage und Auslegung verhalten, so dass eine relative Datierung der drei Korpora möglich ist: Das Bundesbuch scheint die älteste Sammlung zu sein. Sie wird im Deuteronomium nach Maßgabe der Kultzentralisation ausgelegt, die deuteronomischen Gesetze werden dann wiederum im Heiligkeitsgesetz mit der priesterlichen Tradition ausgeglichen.

Anders als dies die biblische Situierung in einer nomadischen Vorzeit Israels vorgibt, handelt es sich bereits beim Bundesbuch um eine Rechtssammlung, die die Sesshaftigkeit Israels samt Landwirtschaft voraussetzt, wie die in ihm verhandelten Fälle deutlich zeigen. Man geht daher davon aus, dass das Bundesbuch im 8. Jahrhundert v. Chr. entstanden ist, das Deuteronomium gehört in das ausgehende 7. Jahrhundert v. Chr., während das Heiligkeitsgesetz in die Perserzeit (539–333 v. Chr.) zu datieren ist.

Um die Eigenart schon der ältesten biblischen Rechtstexte zu verstehen, ist es nötig, sie in ihrem altorientalischen Kontext wahrzunehmen. Der Alte Orient kennt seit dem ausgehenden 3. Jahrtausend v. Chr. eine ausgedehnte schriftliche Rechtstradition, die einerseits Königsrecht ist und andererseits eher deskriptiver als präskriptiver Natur. Die großen Rechtsbücher, die sich mit den Namen der Könige Hammurapi, Eschnunna oder Lipit-Ischtar verbinden und Anfang des 2. Jahrtausends v. Chr. entstanden sind, stellen eher eine Anleitung, aber keine Vorschrift bei der Rechtsfindung dar. Diese nichtnormative Ausrichtung lässt sich vor allem aus zwei Beobachtungen begründen: Zum einen decken ihre Rechtssätze bei weitem nicht alle möglichen Rechtsfälle ab, die im privaten oder öffentlichen Leben auftreten können. Im Gegenteil, die verhandelten Fälle sind oft sehr speziell und komplex, sie scheinen als Übungsbeispiele der Rechtsgelehrsamkeit gedient zu haben. Zum anderen decken sich die erhalten gebliebenen Prozessurkunden aus dem Alten Orient kaum oder gar nicht mit den Bestimmungen der Rechtsbücher, die auch nicht eigens zitiert werden. Die konkrete Rechtsfindung hatte sich also nicht an den schriftlichen Rechtssammlungen zu orientieren.

Legislative Instanz im Alten Orient ist nicht die verschriftlichte Rechtsbestimmung, sondern der König. Dass es im vorhellenistischen Ägypten – bis auf einen Erlass des Königs Haremhab in der 18. Dynastie – keine schriftlich fixierten Gesetze gab, ist deshalb keine Ausnahme, sondern nur die konsequente Illustration dieses Befunds, der sich in der griechischen und römischen Vorstellung des Königs als «beseeltes Gesetz» *(nomos empsychos* bzw. *lex animata)* einen sinnfälligen Ausdruck verschaffte.

Es besteht kein Zweifel, dass die Rechtsbücher des Alten Orients nicht in *splendid isolation* voneinander geschrieben wurden, sondern offenbar Teil einer schriftgelehrten Rechtskultur waren. Ihre Rechtssätze sind sprachlich wie sachlich oft eng miteinander verwandt, wie etwa die Bestimmungen zu einem stößigen Rind zeigen, die sich sowohl im Codex Eschnunna als auch im Codex Hammurapi finden:

> Wenn ein Rind stößig ist und es wurde seinem Besitzer angezeigt, dieser aber sein Rind nicht bewacht und es einen freien Mann stößt und ihn tötet, so gibt der Besitzer des Rindes eine zweidrittel Mine Silber [1 Mine entspricht 60 Schekeln]. Wenn es einen Sklaven stößt und ihn tötet, gibt er 15 Schekel Silber. (Codex Eschnunna § 54–55)
>
> Wenn ein Rind, während es auf der Straße dahingeht, einen Mann gestoßen und getötet hat, so entsteht aus dieser Rechtssache kein (einklagbarer) Rechtsanspruch. Wenn das Rind eines Mannes stößig ist und es wurde ihm mitgeteilt, dass es stößig ist, er aber (trotzdem) seine Hörner nicht gestutzt oder sein Rind nicht festgebunden hat, und dann dieses Rind den Sohn eines freien Mannes gestoßen und ihn (dabei) getötet hat, so wird er eine Mine Silber bezahlen. Wenn es sich um einen Sklaven eines Mannes handelt, so zahlt er eine Drittel Mine Silber. (Codex Hammurapi § 250–252)

Diese Rechtsbestimmungen beziehen sich grundsätzlich auf den gleichen Fall, gleichzeitig ist erkennbar, dass Ausführungen und Detaillierungsgrad deutlich voneinander abweichen. Man kann daraus ableiten, dass bestimmte Fälle als Modellfälle galten, aber in unterschiedlichen Rechtstraditionen unterschiedlich ausgestaltet werden konnten.

Das alttestamentliche Recht hat offenkundig Anteil an der altorientalischen Rechtstradition. Am augenfälligsten lässt sich dies daran erkennen, dass auch die Tora den Fall des stößigen Rinds kennt.

> Wenn ein Rind einen Mann oder eine Frau stößt, so dass er stirbt, wird das Rind gesteinigt, und sein Fleisch darf nicht gegessen werden, der Besitzer des Rindes aber bleibt straffrei. Ist aber ein Rind schon längere Zeit stößig, und wird sein Besitzer gewarnt, bewacht es aber trotzdem nicht, und es tötet einen Mann oder eine Frau, wird das Rind gesteinigt, und auch sein Besitzer wird getötet. Wird ihm ein Sühnegeld auferlegt, so soll er als Lösegeld für sein Leben so viel geben, wie ihm auferlegt wird. Stößt [das Rind] einen Knaben oder ein Mädchen, so soll mit ihm nach diesem Rechtssatz verfahren werden. Falls das Rind einen Sklaven oder

> eine Sklavin stößt, so soll er seinem Besitzer 30 Schekel Silber zahlen und das Rind soll gesteinigt werden. (Exodus 21,28–32)

An diesem Beispiel wird zudem deutlich, dass man sich vor der Annahme hüten muss, das Recht werde im Verlauf der Rechtsgeschichte zunehmend humaner: Nur die Bestimmung in der Tora sieht vor, dass im Falle eines stößigen Rinds dessen säumiger Besitzer getötet werden kann, und nur in der Tora ist vorgesehen, dass das Rind gesteinigt wird und sein Fleisch nicht gegessen werden darf. Steinigen dient in der Bibel dazu, eine unmittelbare Bedrohung auszuschalten (Exodus 8,22; 17,4; 19,12–13; Josua 7,24–25; 1. Samuel 30,6), das Nichtessen des Fleisches scheint jedwede Verwertungsmöglichkeit des Rinds vonseiten des Besitzers ausschließen zu wollen.

Der Rechtssatz des stößigen Rinds ist typisch für den literarischen Kern des Bundesbuches. Gott kommt in solchen Bestimmungen weder explizit noch implizit vor. Er ist weder Gesetzgeber noch Richter, sondern allenfalls Garant und Hüter der Rechtsordnung. Der im jetzigen Lesezusammenhang vorliegende Eindruck, das gesamte Recht innerhalb der Tora sei Gottesrecht, kommt im Bundesbuch vor allem durch die Einleitung zustande:

> Und JHWH sprach zu Mose: So sollst du zu den Israeliten sprechen: Ihr habt gesehen, dass ich vom Himmel her mit euch geredet habe. ... Und dies sind die Rechtssatzungen, die du ihnen vorlegen sollst. (Exodus 20,22–21,1)

Doch diese Einleitung gehört nicht zur literarischen Substanz des Bundesbuches, sondern zu dessen sekundärer Rahmung, die im Dienste seiner «Theologisierung» steht. Sie macht aus dem profanen Recht, das in Übereinstimmung mit der altorientalischen Rechtstradition gestaltet ist, Gottesrecht, das ein Alleinstellungsmerkmal der Bibel ist. Wie alt ist diese «Theologisierung»? Man kann sie historisch nicht verstehen, ohne einen Blick auf die Entstehungsgeschichte des Deuteronomiums zu werfen. In diesem Buch liegt der historische Kern der Vorstellung, dass Recht Gottesrecht sei.

Der Kern des späteren Kanons: Das Deuteronomium

Die Niederschrift einer ersten Fassung des Deuteronomiums, die wohl vor allem den Kern des Buches in Deuteronomium 12–28 umfasste, war ein bedeutender Schritt im Zuge der Formierung der Bibel. Seinen Namen «Deuteronomium» hat das Buch aus seiner lateinischen und davor griechischen Rezeptionsgeschichte, die in ihm – nach der großen Gesetzgebung auf dem Berg Sinai – das «zweite» Gesetz (vgl. Deuteronomium 17,18) erkannte.

Nach der erzählerischen Logik des Pentateuch gibt Mose im Deuteronomium, das als seine Abschiedsrede am letzten Tag seines Lebens gestaltet ist, die Gesetze an Israel weiter, die er von Gott auf dem Sinai empfangen hat. Wahrscheinlich war das Deuteronomium aber einmal eine selbständige Sammlung. Dass sie sich so gut an ihrem jetzigen Platz in den Pentateuch einfügt, hängt mit dem literaturgeschichtlichen Umstand zusammen, dass sie als Neuausgabe vor allem des Bundesbuches (Exodus 20–23) entstanden ist. Die literarische Anordnung des Deuteronomiums nach der Sinaigesetzgebung spiegelt also das historische Abhängigkeitsverhältnis dieses Textes vom Bundesbuch wider.

Mit dem Deuteronomium liegt im Rahmen der biblischen Literaturgeschichte erstmals ein Buch vor, das sich selbst als normativer Text entwirft. Es ist so in gewissem Sinn von Anfang an ein «biblischer» Text – auch wenn diese Kategorie damals noch nicht existierte. Diese Eigenschaft hängt wiederum mit seiner Entstehung zusammen: Das Deuteronomium – bzw. sein literarischer Kern – lässt sich in das Ende des 7. Jahrhunderts v. Chr., in die Regentschaft des Königs Josia von Juda (640–609 v. Chr.), datieren. In Sprache und theologischer Konzeption lehnt es sich deutlich an die zeitgenössischen neuassyrischen Vasallenverträge an; der assyrische Großkönig stellte seine Herrschaft über eroberte Gebiete mit Hilfe solcher Verträge auf eine rechtliche Grundlage. Derartige Verträge waren bis vor kurzem nur aus dem Osten des Reiches belegt, doch 2012 wurde auch im Westen, in Tell Tayinat im Norden des heutigen Syrien, ein Exemplar aufgefunden. Dadurch bestätigt sich, was durch das Deuteronomium selbst indirekt nahegelegt wird: Auch im Westen des assyrischen Reiches wurden die unterworfenen Völker durch solche Vasallenverträge auf den assyrischen Großkönig verpflichtet. Für den Fall von Juda ist durchaus denkbar, dass ein solcher Vertrag auf Aramäisch, der damaligen Lingua franca des Vorderen Orients, abgefasst wurde, doch lässt sich dies nicht belegen.

Das Deuteronomium greift die Grundstruktur der assyrischen Vasallenverträge auf, überträgt aber das dort vorfindliche Verpflichtungsverhältnis zwischen dem assyrischen Großkönig und seinen Vasallen auf den Gott Israels und sein Volk: Es verlangt unbedingte Loyalität nicht gegenüber dem assyrischen Großkönig, sondern gegenüber JHWH. Somit ist das Deuteronomium als eine subversive Rezeption neuassyrischer Vasallenverträge zu verstehen.

Mit der funktionalen Ersetzung des assyrischen Königs durch Gott entsteht im Deuteronomium das erste Mal in der altorientalischen Rechtsgeschichte die Vorstellung von einem göttlichen Gesetzgeber und einem göttlichen Gesetz. In seiner vorliegenden Gestalt ist das Deuteronomium zwar als Abschiedsrede des Mose im Ostjordanland gestaltet – das «Ich» innerhalb des Gesetzeskorpus in Deuteronomium 12–28 erscheint im jetzigen Lesezusammenhang als das «Ich» des Mose. Doch verdankt sich dieser Eindruck der sekundären Einarbeitung des Deuteronomiums in die Tora. An Stellen wie Deuteronomium 6,17 und 28,45 verrät der Text noch deutlich, dass in ihm nicht Mose, sondern Gott als der ursprüngliche Gesetzgeber gedacht ist.

Vom Deuteronomium aus scheint die Interpretation des Rechts als Gottesrecht auch auf das Bundesbuch zurückgewirkt zu haben, das nun neu theologisch gerahmt und so auf dieselbe Stufe wie das Deuteronomium erhoben wurde.

Die Ausbildung der Vorstellung von Gottesrecht ist geistesgeschichtlich kaum zu überschätzen. Damit wird nicht nur das Recht als von Gott selbst stammend interpretiert, es bekommt auch eine grundlegend normative Qualität – eine Innovation sondergleichen im Rahmen der altorientalischen Rechtsgeschichte. Die Ausstattung von Rechtssätzen mit göttlicher Autorität bringt aber auch ein grundsätzliches Problem mit sich: Solche Rechtssätze können nicht mehr einfach ersetzt oder abgetan werden. Nur durch innerbiblische Auslegung war es möglich, ein solches Gesetz zu aktualisieren und in eine neue Gestalt zu bringen – was mit fortschreitender Zeit und neuen Problemlagen immer wieder erforderlich war.

Diese Auslegungsvorgänge sind von entscheidender theologischer Bedeutung: Biblisch gesehen ist nicht das Gesetz an sich normativ, sondern das Gesetz *und* seine Auslegung. Mit anderen Worten: Die Dynamik der Auslegung ist bereits im Kanon selbst verankert und weist so auch über diesen hinaus. Ein zeitloses göttliches Gesetz gibt es in der Bibel nicht. Auch und gerade das göttliche Gesetz bedarf der fortwährenden Aktualisierung.

Die Zerstörung des Jerusalemer Tempels und ihre Folgen

Die Zerstörung Jerusalems und seines Tempels als zentraler Kultort und als Wohnstatt Gottes auf Erden durch die Neubabylonier im Jahr 587 v. Chr. muss als Zäsur sondergleichen gelten. Blickt man auf die Nachbarstaaten des antiken Juda, so kamen diese mit der neubabylonischen Eroberung ihres Territoriums 582 v. Chr. (Ammon und Moab) bzw. 553 oder 551 v. Chr. (Edom) ebenfalls zu einem Ende. Ihre zentralen Gottheiten – Milkom, Kamosch und Qos – verschwanden zwar nicht sofort, doch sie überlebten die Antike nicht.

Für das antike Juda ergab sich eine andere Langzeitentwicklung, die am eindrücklichsten durch das Weiterbestehen des Judentums sowie die Entstehung seiner Tochterreligionen dokumentiert wird. Anders als die moabitische, ammonitische oder edomitische Religion ging das Judentum mit der Antike nicht unter, sondern besteht bis heute. Dasselbe gilt für das Christentum, dessen Geschichte als jüdische Sekte begann, sowie für den in der Spätantike entstandenen Islam, der in mannigfacher Weise von Judentum und Christentum beeinflusst ist.

Doch auch die kurzzeitigen Entwicklungen waren bemerkenswert. Die Deportationspolitik der Babylonier im Jahr 587 v. Chr. unterschied sich deutlich von derjenigen der Assyrer, die 722 v. Chr. das Nordreich erobert hatten. Die nach Babylonien deportierten Judäer wurden nicht zerstreut, sondern in Kolonien angesiedelt, und die dortigen jüdischen Gemeinschaften scheinen ihre eigene kulturelle und religiöse Identität bewahrt zu haben. Obwohl sich dies nicht ganz sicher belegen lässt, ist im babylonischen Exil möglicherweise sogar ein Tempel für die Exilgemeinde errichtet worden. Da es vor allem die Oberschicht war, die deportiert wurde, dürften damit auch maßgebliche Überlieferungsträger im Exil tätig geblieben sein.

Auch wenn die Bibel an manchen Stellen den Eindruck erweckt, das Land sei während des babylonischen Exils beinahe oder sogar ganz menschenleer gewesen (2. Könige 24,14; 25,21; 2. Chronik 36,20–21), muss aus dem archäologischen Befund zu Juda in der Exilzeit geschlossen werden, dass größere Bevölkerungsanteile dort zurückgeblieben sind.

Am deutlichsten spiegeln die sogenannten Klagelieder die Situation des Exils im Land Juda selber wider. So beklagt Klagelieder 1,1 die desolate Situation Jerusalems nach der Zerstörung:

> Ach, wie liegt sie einsam da, die Stadt, einst reich an Volk,
> nun einer Witwe gleich!
> Eine Große unter den Nationen, eine Fürstin unter den Provinzen,
> nun in Fronarbeit!

Die Klagelieder sind eine Sammlung von fünf Liedern, von denen die ersten vier akrostichisch gestaltet sind, das heißt ihre 22 Verse bzw. Strophen (Klagelieder 3 umfasst 66 Verse) folgen dem hebräischen Alphabet mit seinen 22 Buchstaben. Das fünfte Lied hat zwar ebenfalls 22 Verse, deren Anfangsbuchstaben folgen aber nicht der alphabetischen Reihung. In der griechischen Tradition werden die Klagelieder Jeremia als Verfasser zugewiesen (vermutlich aufgrund der Notiz in 2. Chronik 35,25, die Jeremia ein Klagelied auf König Josia zuschreibt).

Die Lieder entwickeln eine Schuldtheologie, auf die besonders der Prolog des zweiten Teils des Jesajabuches in Jesaja 40,1–2 antwortet, der aus der Zeit des babylonischen Exils stammt und Jerusalem von Schuld freispricht. Die Stadt Jerusalem wird dabei als Figur eigenen Rechts wahrgenommen und präsentiert und nicht bloß als Gesamtheit ihrer Bewohner gesehen. Die akrostichische Gestaltung der Lieder erweckt den Eindruck von Abgeschlossenheit und Vollkommenheit; möglicherweise will die offene Gestaltung des fünften Lieds für das gesamte Buch eine Dynamik suggerieren, die über den beklagenswerten Zustand Jerusalems hinausführt. Jedenfalls scheint die Schlussaussage mit Bedacht gewählt zu sein:

> Bring uns zurück, JHWH, zu dir, wir wollen umkehren.
> Mach unsere Tage neu, wie sie vor Zeiten waren.
> Oder hast du uns ganz und gar verworfen,
> bist du über alle Maßen zornig auf uns? (Klagelieder 5,21–22)

Die Klagelieder Israels sind als solche aufgrund des Schicksals des fortwährenden Exils über die Jahrhunderte aktuell geblieben und entsprechend überliefert worden.

Dass die JHWH-Religion das Exil überleben konnte – sei es in Babylonien, in Ägypten oder im Land selbst –, hat zunächst damit zu tun, wie die Katastrophe des Untergangs des Nordreichs Israel knapp 150 Jahre früher (722 v. Chr.) bewältigt wurde. Da Israel und Juda denselben Nationalgott, JHWH, verehrten, hatte bereits der Untergang des Nordreichs eine entscheidende Umprägung des Gottesverständnisses mit sich gebracht. Dieses muss durch die Migration vom Norden in den Süden auch in Juda bekannt geworden sein: Gott erschöpft sich nicht darin, Garant der Prosperität und des politischen und wirtschaftlichen Erfolgs seiner Verehrer zu sein.

Die theologischen Bewältigungsstrategien des Nordens wurden also wohl bereits im späten 8. und im 7. Jahrhundert v. Chr. auch im Süden bekannt. Sie finden sich dann in veränderter Form auch in der biblischen Literatur des babylonischen Exils, welche die Religion des antiken Juda als nun entstehendes Judentum von den Wirrnissen der irdischen Politik löste und begann, Gott unabhängig vom Erfolg oder Misserfolg eines Königs und seines Reiches zu denken.

Die Entstehung des Judentums

Die Hebräische Bibel siedelt die Szenerie ihrer erzählenden Passagen vorrangig in der vorexilischen Zeit an. Das gilt vor allem für die durchlaufende Darstellung von Genesis bis 2. Könige, die die Geschichte der Welt und Israels (von Genesis 12 an) von den Anfängen bis zum Untergang Jerusalems 587 v. Chr. erzählt – mit einem knappen Ausblick auf die Begnadigung von König Jojachin in Babylon. Das babylonische Exil und die Perserzeit decken nur die Schlusspartien der Chronikbücher, die Bücher Esra und Nehemia sowie Daniel und Esther ab. Auch die prophetische Überlieferung spielt zu ihrem größeren Teil in der Königszeit. Allein die Bücher Haggai, Sacharja und Maleachi situieren sich in der Epoche der Perser. Schließlich sind auch viele Psalmen sowie die Weisheitsliteratur und das Hohelied durch ihre Zuschreibungen an David, Salomo oder weitere Gestalten der Vorzeit in der Epoche vor dem babylonischen Exil angesiedelt.

Die erzählte Welt der Hebräischen Bibel gehört also vor allem in die Zeit zwischen der Schöpfung der Welt und dem Untergang Jerusalems 587 v. Chr. Doch ist die erzählte Welt auch die Welt ihrer Erzähler? Schon die vorkritische Forschung sah nicht in Adam, sondern in Mose den ersten Autor der Bibel. So war bereits vor dem Aufkommen der Bibelkritik im 18. Jahrhundert deutlich, dass sich diese Welten nicht decken – und seither ist deutlich geworden, dass dies auch für die Zeit nach Mose nicht der Fall ist. Die erzählte Welt und die Welt der Erzähler der Hebräischen Bibel überschneiden sich zwar, insofern als einige biblische Texte bezüglich ihrer Abfassungszeit tatsächlich vor das babylonische Exil zurückreichen. Aber die Hebräische Bibel enthält kein Buch, das in einer anderen Gestalt als jener seiner nachexilischen Überarbeitung vorläge. Auch wenn die Datierungen für biblische Texte zumeist umstritten sind, so tendieren die meisten Forscherinnen und Forscher heute dazu, nicht nur marginale, sondern signifikante Anteile der biblischen Überlieferung der nachexilischen Zeit zuzuweisen; dabei handelt es sich in der Regel nicht um ganze Schriften oder Bücher, sondern eher um redaktionelle Überarbeitungen bereits bestehender Texte. In ihrer vorliegenden Gestalt ist die Hebräische Bibel ein Zeugnis des frühen Judentums.

Das geschichtliche Auseinanderklaffen von erzählter Welt und Welt der Erzähler hat seinen Grund in der rückprojizierenden Eigenschaft vieler biblischer Texte: Sie erläutern Gegebenheiten ihrer Gegenwart, indem sie diese in eine idealisierte, frühere Zeit versetzen. Die Tora begründet etwa den Monotheismus und das jüdische Gesetz in der Offenbarung am Sinai, die nach der biblischen Chronologie etwa um 1200 v. Chr. anzusiedeln wäre. Historisch entwickelte sich der biblische Monotheismus jedoch frühestens in der späten Königszeit und fand seine ersten expliziten Ausdrucksformen erst in Texten des babylonischen Exils (Jesaja 45,5–7). Auch zentrale Forderungen des Gesetzes wie die Beschneidung oder die Sabbatruhe sind frühestens in der Exilzeit entstanden, werden in der Tora aber bereits bei Abraham (Genesis 17) bzw. bei Mose verankert (Exodus 16; 31,12–17). Schließlich spielt die Tora über weite Strecken hinweg (Exodus bis Deuteronomium) im Ausland: auf der Wüstenwanderung von Ägypten bis ins Ostjordanland kurz vor dem Eintritt in das Gelobte Land. Diese erzählerische Situierung mitsamt der Promulgation des gesamten Gesetzes außerhalb Israels ist nur als Begründung eines «exilischen» Israel verstehbar: Die Tora in ihrer vorliegenden Form und Fassung setzt die Diasporaexistenz Israels voraus. Mit anderen Worten: Die Tora ist ein Dokument des frühen Judentums, das sich in seiner geistigen Substanz aber als so alt wie das antike Israel präsentiert.

Das babylonische Exil und seine Literatur

Wenn auch umstritten ist, wie umfangreich die von den Babyloniern durchgeführten Deportationen aus Juda nach Mesopotamien gewesen sind, so steht doch außer Frage, dass es ansehnliche, kolonienartige Ansiedlungen von Judäern im Zweistromland gegeben hat, denen gehobene Bevölkerungsschichten angehörten und die auch über religiöse und kulturelle Kenntnisse verfügten. Diese Kolonien sind einerseits etwa durch das Ezechielbuch, andererseits aber auch durch keilschriftliche Funde aus Mesopotamien bezeugt.

Der Kontakt mit der babylonischen Gelehrsamkeit führte zu einer enormen Intellektualisierung des Literaturbetriebs. Babylonien konnte damals als seit langem etabliertes Zentrum der geistigen Welt des Vorderen Orients gelten und verfügte schon seit über zwei Jahrtausenden über einen etablierten Wissenschaftsbetrieb. Unverkennbar babylonische Einflüsse zeigen sich in der Hebräischen Bibel besonders in priesterlich geprägten Texten. Dazu gehört die sogenannte Priesterschrift, eine wahrscheinlich im babylonischen Exil oder in der frühpersischen Zeit entstandene Quellenschrift des Pentateuch, die wohl eine Darstellung der Geschichte von der Schöpfung bis zur Gesetzgebung auf dem Sinai umfasste und redaktionstechnisch als «Grundschrift» des Pentateuch gelten kann. Priesterlich geprägte Texte aus der Zeit des Exils sind aber auch die Deuterojesajaüberlieferung (Jesaja 40–55) und das Ezechielbuch. Es ist kaum vorstellbar, dass sie nicht in Babylonien entstanden sein sollen oder zumindest auf Autorenkreise zurückgehen, die in Babylonien gelebt haben. Der Text des Ezechielbuches selbst verortet seinen Protagonisten unter der Gruppe der bereits 597 v. Chr. mit König Jojachin nach Babylon deportierten Judäer (Ezechiel 3,15; vgl. 2. Könige 24,14). König Jojachin wird sogar in babylonischen Dokumenten erwähnt, die Nahrungsrationen für Personen am babylonischen Königshof auflisten.

Die Priesterschrift steht vor allem in ihren Textanteilen in Genesis 1–11, die die Erschaffung der Welt und ihre früheste Geschichte betreffen, in einem engen literarischen Gespräch mit babylonischer Wissenschaft. Ihre in Genesis 1 entwickelte Kosmologie ist in ihren inhaltlichen Grundzügen aus dem sogenannten babylonischen Weltschöpfungsepos Enuma Elisch übernommen, und Thematik und Ausgestaltung der Sintflutperikope sind vom Atramḫasis-Epos und der elften Tafel des Gilgamesch-Epos inspiriert. Natürlich kann man erwägen, dass ihre Autoren aus Babylon heimgekehrte Priester gewesen sind, die ihr Wissen mitgebracht haben. Doch die Heiligtumskonzeption der Priesterschrift – sie entwirft ein mobiles Zelt, das in der Wüste gestiftet und erbaut wird, als Heiligtum für Israel (vgl. Exodus 25–31 und 35–40) – ist in seiner Prägung «exilisch» gedacht und lässt nicht erkennen, dass sie den Zweiten Tempel in Jerusalem bereits voraussetzt, so dass eine geographische Verortung ihrer Verfasser in Babylon näherliegt.

Die Übernahme babylonischer Stoffe in der Priesterschrift ist aber nicht einfach dadurch motiviert, dass sie in Mesopotamien bekannt und verbreitet waren. Vielmehr wird deutlich, dass die im babylonischen Exil wirkenden biblischen Autoren sich der Intellektualität ihrer Umgebung öffneten – sie erschien ihnen wohl ihrer eigenen überlegen und deshalb berücksichtigenswert. Der Schöpfungsbericht der Priesterschrift ist damit ein frühes Zeugnis des Dialogs zwischen religiöser Tradition und naturwissenschaftlichen Kenntnissen, so künstlich diese Unterscheidung für die Antike auch sein mag: Im Kontext neuer Wissensgehalte wurde die Notwendigkeit deutlich, die eigenen Überlieferungen dem neuen Kenntnisstand anzupassen, um wissenschaftlich konkurrenzfähig zu bleiben.

Die Deuterojesajaüberlieferung geht auf einen anonymen, im babylonischen Exil wirkenden Propheten oder eine Prophetengruppe zurück und wurde in das Jesajabuch eingegliedert. Der Prolog (Jesaja 40,1–8) scheint mit seiner Vorstellung einer ebenso mächtigen wie wunderhaften Prozession JHWHs durch die Wüste zurück nach Zion auf den Erfahrungen von exilierten Judäern zu basieren, die das monumentale Neujahrsfest in Babylon mit seinen prächtigen Götterprozessionen miterlebt hatten und sich für die Rückkehr ihres eigenen Gottes nach Jerusalem nichts Geringeres, sondern vielmehr ein noch viel wundersameres Ereignis vorstellten:

Horch, ein Rufer:
Bahnt den Weg JHWHs in der Wüste,
  in der Steppe macht die Straße gerade für unseren Gott!
Jedes Tal wird sich heben,
  und senken werden sich alle Berge und Hügel,
und das Unebene wird flach,
  und was hügelig ist, wird zur Ebene. (Jesaja 40,3–4)

Auch die Schilderungen der Visionen im Ezechielbuch sind nur vor babylonischem Hintergrund verständlich. Sie zeigen, dass die numinose Sphäre des biblischen Gottes nicht hinter ihren mesopotamischen Gegenstücken zurückbleiben konnte. Die Vision in Ezechiel 1 etwa liest sich wie eine Bildbeschreibung des babylonischen Himmels. Die Vorstellung, dass Gott im Himmel und nicht im Tempel thront, ist eine religionsgeschichtliche Folge der Zerstörung Jerusalems 587 v. Chr. Die mutmaßlich königszeitlichen Texte aus Jerusalem schweigen weitgehend über den «Himmel» im Zusammenhang mit der Wohnstatt Gottes (vgl. bes. Jesaja 6,1–11). Offenbar kannten die vorexilischen Vorstellungen eines Wohnorts Gottes in Jerusalem keine explizite Lokalisierung des Gottesthrons im kosmischen Bereich des Himmels. Diese kam erst im Zuge der religionsgeschichtlichen Transformationen nach dem Verlust des salomonischen Tempels auf, die die enge Beziehung von Gott und Kultort modifizierten: Gottes Wohnstatt befindet sich nun im Himmel und ist damit allen politischen und militärischen Wirren entzogen (vgl. etwa 1. Könige 8,30–39.44–45; Psalm 2,4 u. a.). Allerdings wird in einigen dieser Texte das Bemühen greifbar, dass auch der Himmel Gott eigentlich nicht fassen kann:

> Aber sollte Gott wirklich auf der Erde wohnen? Sieh, der Himmel, der höchste Himmel kann dich nicht fassen, wie viel weniger dann dieses Haus, das ich gebaut habe! (1. Könige 8,27)

Die Literatur des Zweiten Tempels: Theokratie und Eschatologie

Anders als dies die Bibelwissenschaft im 19. und 20. Jahrhundert noch sah, ist die Zeit des Zweiten Tempels die wichtigste Epoche der Formierung der biblischen Literatur. Der Zweite Tempel wurde um 515 v. Chr. gegen den Widerstand aus Samaria, aber zum Teil auch aus Juda errichtet (vgl. Haggai 1,2–11). In seinen Ausmaßen dürfte er mit dem Ersten Tempel vergleichbar gewesen sein. Die biblischen Angaben sind allerdings weder im einen noch im anderen Fall architektonisch zuverlässig. Auch in soziologischer Hinsicht wird der Zweite Tempel ähnliche

Strukturen wie seine Vorgängerinstitution aufgewiesen haben. Hier wirkten Priester und Schreiber, die sich auch um die Überlieferung der maßgeblichen Schriften am Tempel kümmerten.

Die Literaturgeschichte der Zeit des Zweiten Tempels ist durch den Antagonismus von «Theokratie und Eschatologie» geprägt: «Theokratische» Positionen erkennen in der politischen, sozialen und kultischen Situation des perserzeitlichen Judentums das Ziel des Heilsplans Gottes mit der Welt und seinem Volk. «Eschatologische» Positionen hingegen nehmen an der Fremdherrschaft und der Diasporaexistenz Israels Anstoß und erwarten eine grundlegende Änderung der Situation in der Zukunft: Gott wird noch einmal in die Geschichte eingreifen und sein Volk entsprechend den Vorgaben der Königszeit restituieren. Die pauschale Gegenüberstellung von «Theokratie und Eschatologie» ist oft kritisiert worden, doch sollte man diese Begriffe nicht missverstehen als sich gegenseitig ausschließende Kategorien, auf die sich die nachexilische Literatur restlos verteilen ließe. Vielmehr handelt es sich um zwei Grundoptionen, zu denen sich einzelne Texte oder Schriften in größerer oder kleinerer Distanz ansiedeln lassen.

Die «theokratische» Linie begrüßte die Herrschaft der Perser, die ab 539 v. Chr., mit der Eroberung Babylons, den gesamten Vorderen Orient umfasste. Dies gründet darin, dass die Perser, anders als die Vorgängerreiche, eine vergleichsweise tolerante Politik gegenüber den von ihnen unterworfenen Völkern pflegten und ihnen eine weitgehende sprachliche, kultische, rechtliche und kulturelle Autonomie zubilligten – wohl eher aus schierer Notwendigkeit, die die Größe des Reiches mit sich brachte, als aus (prä-)humanistischen Überlegungen heraus. Die persische Reichsideologie eines befriedeten Vielvölkerstaates unter Wahrung der jeweiligen kulturellen und religiösen Eigenarten fand etwa in der Behistun-Inschrift Dareios' I. ihren Ausdruck. Sie war – wie Funde ihrer aramäischen Fassung im ägyptischen Elephantine belegen – auch als Schultext in Umlauf und ist vor allem in kultisch geprägten Konzeptionen der perserzeitlichen Literatur der Bibel positiv aufgegriffen und angeeignet worden, so etwa in der Priesterschrift oder den Chronikbüchern.

Diese Schriften gehen davon aus, dass mit der Perserherrschaft und der mit ihr verbundenen kultischen Toleranz gegenüber dem Judentum das heilvolle Ziel der Geschichte JHWHS mit Israel und der Welt erreicht ist. Natürlich bedarf dieses Ziel an verschiedenen Stellen noch der Vervollständigung, doch grundsätzlich gilt die Heilswende als vollzogen. Diese Position ist im Grunde genommen nichts anderes als die jüdische Rezeption der offiziellen persischen Reichsideologie.

In der Priesterschrift findet sich dieses perserzeitlich inspirierte Bild einer friedlich geordneten Welt in der sogenannten Völkertafel in Genesis 10, die die Wiederbevölkerung der Welt nach der Sintflut (Genesis 6–9) beschreibt. Sie verfügt über einen Refrain, der die diversifizierte Ordnung der Welt nach Sprachen, Sippen und Völkerschaften beschreibt.

> Die Söhne Jafets ... in ihren Ländern, jeder nach seiner Sprache, nach ihren Sippen, in ihren Völkerschaften. ...
> Das sind die Söhne Hams nach ihren Sippen, nach ihren Sprachen, in ihren Ländern, in ihren Völkerschaften. ...
> Das sind die Söhne Sems nach ihren Sippen, nach ihren Sprachen, in ihren Ländern, nach ihren Völkerschaften. (Genesis 10,2.5.20.31)

Der Pazifismus und die priesterschriftliche Vorstellung von einer theokratischen Ordnung treten auch in ihrem theologischen Programmtext, dem Bundesschluss Gottes mit Noah (Genesis 9), zutage. Nach der Flut stellt Gott seinen Bogen in die Wolken. Wie das deutsche kann auch das hebräische Wort für «Bogen» den «Kriegsbogen» bezeichnen. Das Bild des Bogens in den Wolken deutet so auf den Gewaltverzicht Gottes gegenüber seiner Schöpfung hin: Er garantiert ihr dauerhaften Bestand (Genesis 9,14–15). Das Thema der Gewalt Gottes ist für die Priesterschrift eines, das Gott selbst bereits abgeschlossen hat – in der grauen Vorzeit, nach der Flut, die nahezu alles Leben vernichtete. Dass Gott sich gegen die Lebewesen auf der Erde wenden kann, wird so als ein vorgeschichtlicher, nicht mehr aktueller Zug seines Wesens interpretiert:

> Da sprach Gott zu Noah: Das Ende allen Fleisches ist vor mich gekommen; denn die Erde ist voller Frevel von ihnen. So will ich sie denn von der Erde vertilgen. (Genesis 6,13)

Diese harte Aussage des «Endes», das «gekommen ist», hat die Priesterschrift nicht erfunden, sondern aus der Gerichtsprophetie übernommen:

> Und er sprach: Was siehst du, Amos? Ich antwortete: Einen Korb mit Obst (*qayiṣ*). Da sprach JHWH zu mir: Gekommen ist das Ende (*qeṣ*) für mein Volk Israel; ich will ihm nicht länger vergeben. (Amos 8,2)

> Du, Menschensohn, sprich: So spricht der Herr JHWH zum Land Israel:
> Ein Ende (*qeṣ*) kommt!
> Es kommt das Ende (*qeṣ*) über die vier Säume des Landes!
> Jetzt kommt das Ende (*qeṣ*) über dich ... (Ezechiel 7,2–3)

Die Priesterschrift greift so die Botschaft der vorexilischen und exilischen Gerichtsprophetie auf, bricht sie aber urgeschichtlich um: Ja, es hat einen göttlichen Beschluss zum «Ende» gegeben, aber er liegt in der Vergangenheit, nicht in der Zukunft. Entsprechend ist die Botschaft der Priesterschrift für Israel ausgerichtet: So wie der Noahbund in Genesis 9 den ewigen Bestand der Welt garantiert, so garantiert der Abrahambund in Genesis 17 Israel fortwährende Gottesnähe – in beiden Fällen ergehen dazu keine Bedingungen. Der «Bund» ist für die Priesterschrift eine einseitige Heilszusage durch Gott; wohl können Einzelne aus diesem Bund herausfallen (wenn sie etwa die Beschneidung nicht vornehmen), nicht aber die kollektiven Größen der Nachfahren Abrahams.

Zudem ist die Priesterschrift – zumindest zu wesentlichen Teilen – für die urgeschichtliche Einleitung des Pentateuch in Genesis 1–11 verantwortlich. Damit wird die nationalreligiöse Überlieferung Israels und Judas in einen universalen Zusammenhang gestellt, und zwar sowohl in zeitlicher als auch in räumlicher Hinsicht. Historisch wird dies aus der mutmaßlichen Entstehungssituation der Priesterschrift in der frühen Perserzeit verständlich: Die globale Kontextualisierung einer partikularen Überlieferung ist im Rahmen eines exilischen Standorts ihrer Verfasser nur naheliegend.

In der Chronik – die beiden Chronikbücher zählten in der Antike als ein Buch – kann man in David und Salomo in ihrer Eigenschaft als Initiatoren und Erbauer des Tempels geradezu die «urgeschichtlichen» Vorbilder für die Perserkönige Kyros und Dareios erkennen, die einerseits den Tempelbau ermöglichten (Kyros durch sein Edikt) und andererseits ausführen ließen (Dareios). David und Salomo werden in der Chronik nahezu all ihrer politischen Funktionen entkleidet und vorrangig als Stifter des Tempelkultes gezeichnet. Das ist auch der Grund, weshalb die Chronik den weitaus größten Teil ihrer Darstellung auf die Zeit Davids (1. Chronik 11–29) und Salomos (2. Chronik 1–9) verwendet und weshalb sie in ihrer Geschichtsdarstellung über das Nordreich schweigt: Der Norden hat keinen Anteil am Tempel in Jerusalem, und somit ist seine politische Geschichte unerheblich. Die Nordstämme sind aber in der Theologie der Chronik nach wie vor Teil Israels; die Chronik ist für die Option offen, dass sich der Norden dem Tempel von Jerusalem wieder anschließt.

In den Rahmen dieser theokratischen Weltsicht gehören auch, in sekundären Partien des Jeremia- und des Jesajabuches, die auffälligen Bezeichnungen von Fremdherrschern als Verehrer, ja Auserwählte des biblischen Gottes. So wird etwa der babylonische Großkönig Nebukadnezar, der immerhin Jerusalem und seinen Tempel zerstörte, Gottes «Knecht» genannt (Jeremia 25,9; 27,6; 43,10), und der persische Großkönig Kyros kann als «mein [d. h. Gottes] Messias» tituliert werden (Jesaja 44,28). Zu nennen sind hier auch die Danielerzählungen in Daniel 1–6, die jeweils mit einem Bekenntnis des Fremdherrschers zum Gott Israels enden. Diese Positionen sind historisch betrachtet frühestens vor dem Hintergrund der Perserzeit verständlich. Damals wurde die Vorstellung entwickelt, dass Gott sich auch fremder Könige bedienen kann, um über die Welt zu herrschen. Dieses «theokratische» Konzept setzt die Loslösung der Religion des antiken Israel von einem am eigenen Staat und Königtum orientierten Denkrahmen sowie dessen universalisierende Ausweitung voraus, was erst von der Perserzeit an gegeben ist.

Die «eschatologische» Position wurde in der Perserzeit vor allem in der zeitgenössischen prophetischen Literatur sowie im Umkreis des sogenannten Deuteronomismus gepflegt. Man versteht darunter eine geistige Bewegung, die sich an die theologischen Prinzipien des Deuteronomiums anschloss, diese aber weiterentwickelte. Ihre Texte sprechen die Sprache des Deuteronomiums und teilen dessen Grundüberzeugungen: Gott verpflichtet sein Volk auf sein Gesetz, dessen Befolgung Wohlergehen nach sich zieht, während die Nichtbefolgung zu Unheil führt. Ohne eigenes Königtum und ohne eigenes Land steht Israel nach wie vor unter dem Gericht, das es selbst verschuldet hat, so die deuteronomistische Position. Die «eschatologische» Position zeigt sich also in Fortschreibungen des Deuteronomiums und der Vorderen Propheten (Josua bis 2. Könige), aber auch besonders im Jeremiabuch.

Aus der Sicht dieser deuteronomistischen Theologen ist auch der Umkehrschluss zulässig: Nicht nur zieht Ungehorsam Unheil nach sich, sondern ausbleibendes Heil lässt auch auf die nach wie vor fehlende Orientierung Israels an Gottes Willen schließen. Für die nachexilische Theologiegeschichte ist dabei bezeichnend, dass die Auffassung mehr und mehr verblasst, der Mensch könne aus eigener Kraft auf Gottes Stimme hören und seinen Willen befolgen. Mehr und mehr bricht sich die Erkenntnis Bahn, dass der Mensch nicht Herr im eigenen Haus ist. Perserzeitliche Prophetentexte haben deshalb Visionen entwickelt, die einen neuen Menschen vor Augen haben. Im Rahmen der Verheißung eines neuen Bundes wird im Jeremiabuch erwartet, dass die Tora in die Herzen Israels geschrieben werde, so dass gegenseitige Belehrung nicht mehr notwendig sei:

> Dies ist der Bund, den ich mit dem Haus Israel schließen werde nach jenen Tagen, Spruch JHWHs: Meine Weisung habe ich in ihr Inneres gegeben, und in ihr Herz werde ich sie ihnen schreiben. Und ich werde ihnen Gott sein, und sie, sie werden mir Volk sein. Dann wird keiner mehr seinen Nächsten und keiner seinen Bruder belehren und sagen: Erkennt JHWH! Sondern vom Kleinsten bis

> zum Größten werden sie mich alle erkennen, Spruch JHWHs, denn ich werde ihre Schuld vergeben, und an ihre Sünden werde ich nicht mehr denken. (Jeremia 31,33–34)

Daneben gibt es die weiterreichende Vorstellung, dass Gott das menschliche Herz nicht nur mit neuen Inhalten füllen, sondern das alte Herz der Menschen durch ein neues ersetzen wird:

> Und ich werde euch ein neues Herz geben, und in euer Inneres lege ich einen neuen Geist. Und ich entferne das steinerne Herz aus eurem Leib und gebe euch ein Herz aus Fleisch. Und meinen Geist werde ich in euer Inneres legen, und ich werde bewirken, dass ihr nach meinen Satzungen lebt und meine Rechtssätze haltet und nach ihnen handelt. (Ezechiel 36,26–27)

Für das Ezechielbuch reicht die Implantation neuer Inhalte in das menschliche Herz nicht aus, vielmehr muss dieses transplantiert werden, und erst ein neues Herz, welches das alte ganz ersetzt, kann der Ort des göttlichen Geistes im Menschen werden.

Neben der Erwartung eines neuen Menschen bildete die prophetische Literatur der exilischen und nachexilischen Zeit auch Herrschaftserwartungen aus, die die Restauration des davidischen Königtums in Aussicht stellen (vgl. Jeremia 23,5–6; 33,14–26; Ezechiel 17,22–24; 34,23–24; 37,21–25; Amos 9,11–12; Haggai 2,20–23; Sacharja 4,6–10; 6,9–14; 9,9–10). Für diese Schriften war es unvorstellbar, dass ein theologisch legitimes, sinnvolles und erfülltes Leben unter einer Fremdherrschaft möglich ist. Solange Israel nicht vereint unter einem neuen Sprössling der davidischen Dynastie oder gar einem neuen David, also einem *David redivivus*, restituiert ist, steht es nach Auffassung dieser Texte noch unter dem Gericht Gottes.

Ein neues Menschenbild

Die nachexilische Literaturgeschichte der biblischen Texte bezeugt bemerkenswerte Veränderungen in der Wahrnehmung des Menschen. Könige bildeten im Alten Orient eine eigene Menschenklasse, von der sich die Freien und die Sklaven unterschieden. Der König war den Göttern gegenüber verantwortlich, und den Menschen gegenüber war er sowohl die legislative wie auch die judikative Instanz. Natürlich hatte der König in seiner Rechtsprechung und Rechtsetzung den kosmischen Prinzipien zu entsprechen, doch in der konkreten Ausgestaltung war er nur sich selbst verpflichtet. Daher war er auch das zentrale Thema der Überlieferungsbildung, die zu großen Teilen institutionell an seinen Hof gebunden war. Im antiken Israel und Juda der Königszeit war dies nicht anders. Mit dem Verlust des Königtums musste sich diese Matrix jedoch grundlegend verändern.

Die intellektuellen Grundlagen für diese Transformationsprozesse wurden in Juda gegen Ende der Königszeit geschaffen. Mit der ersten Fassung des Deuteronomiums entstand nicht nur die Vorstellung von göttlichen Rechtssätzen, sondern auch von Gott als Gesetzgeber. Juda war in dieser Zeit politisch von Assur abhängig, und sein König Josia kam als Achtjähriger auf den Thron – die letztlich maßgebliche Quelle von Normativität verschob sich vom monarchischen in den numinosen Bereich. Schließlich entfiel mit dem Untergang des Königtums in Israel und Juda die Klasse der Könige, und damit wurde der Gedanke von menschlicher Gottunmittelbarkeit stark akzentuiert. Am deutlichsten ist dies im biblischen Schöpfungsbericht (Genesis 1) greifbar, in dem die Menschen nicht nach ihrer sozialen, sondern allein nach ihrer geschlechtlichen Differenzierung geschaffen werden und sowohl Mann als auch Frau in den Genuss der Gottebenbildlichkeit (Genesis 1,26–28; 5,1; 9,6) gelangen. Damit bekommen sie – zumindest in funktionaler Hinsicht – königliche Würde zugesprochen.

In der Folge dieser anthropologischen Grundentscheidung entwickelte sich das Bild eines individualisierten Menschen. Dieses betrachtete nicht mehr nur den König als Menschen im Vollsinn des Wortes, denn nicht nur der König war zu verantwortlichen Entscheidungen und maßgeblichen emotionalen Regungen fähig, und nicht nur er kam nunmehr als Objekt göttlicher Zuwendung in Frage, sondern diese ehedem privilegierte Position wurde jetzt jedem Einzelnen zugesprochen.

Gleichzeitig scheint sich aber auch eine immer tiefer greifende

Skepsis durchgesetzt zu haben, ob der einzelne Mensch überhaupt eine vollkommene Kontrolle über seine eigenen Entscheidungen besitze. Im königszeitlichen Orientierungsrahmen einer prinzipiellen «Außensteuerung» des Menschen hatte dies noch eine untergeordnete Rolle gespielt, da die maßgeblichen Entscheidungen dem König oblagen. Innerhalb einer postmonarchischen Gesellschaft hingegen konnte sich die Einsicht in die anthropologische Grundproblematik, dass der Mensch sich auf seine «Innensteuerung» nicht immer verlassen kann, mehr und mehr durchsetzen: Ohne Königtum stieg die menschliche Eigenverantwortung, aber auch die Erkenntnis von deren Fehlerhaftigkeit und Versagen. Diesem Gedanken wurde eine derart grundlegende Bedeutung zugeschrieben, dass die biblische Urgeschichte (Genesis 2–3 und Genesis 6,5–8; 8,20–22) sowohl die menschliche Erkenntnisfähigkeit problematisiert – in Genesis 2–3 erhalten die Menschen zwar die Fähigkeit, zwischen Gut und Böse zu unterscheiden, doch das bringt ihnen den Verlust des Paradieses ein – als auch das menschliche Denk- und Planungszentrum, das «Herz», als von Jugend auf «böse» beschreibt (Genesis 8,21).

Das Buch Hiob

Eine Besonderheit innerhalb der Literatur des perserzeitlichen Judentums stellt das Buch Hiob (Ijob) dar. Es handelt sich dabei um die umfangreichste zusammenhängende Dichtung der Bibel. Gleichzeitig ist es wohl dasjenige Buch der Bibel, das am stärksten als theologische Problemliteratur, ja als Gedankenexperiment gestaltet ist. Nicht einmal die traditionelle rabbinische Literatur geht davon aus, dass Hiob eine historische Figur war. Das Hiobbuch zeichnet seinen Protagonisten als theologischen Problemträger, nicht als lebensechte Gestalt: Hiob ist über alle Maßen fromm und gerecht (Hiob 1,1), gleichzeitig ist er «größer als alle anderen, die im Osten wohnten» (Hiob 1,3). Wie lässt sich die Gottheit Gottes denken angesichts von Katastrophen, die selbst jemanden wie den gerechten Hiob treffen können?

Das Hiobbuch ist wahrscheinlich ein oder zwei Jahrhunderte nach der Zerstörung Jerusalems 587 v. Chr. abgefasst worden. Die geschilderten Katastrophen, die seinen Protagonisten Hiob bis auf sein nacktes Überleben vernichten, sind jedoch auf diese Ereignisse hin transparent: Unter den Horden, die sein Besitztum stehlen und seine Knechte töten, sind die «Kasdim» bzw. «Chaldäer» (Hiob 1,17), also die Neubabylonier. Obwohl die Szenerie des Hiobbuches grundsätzlich eher in die Zeit der biblischen Erzeltern weist und die Lokalisierung im Land Uz (Hiob 1,1) außerhalb Judas angesiedelt ist, überblendet Hiob 1,17 diesen Schauplatz mit der historischen Situation Jerusalems 587 v. Chr.: Hiob erlebt individuell, was Juda insgesamt betraf. Seine Heimat in Uz ist im Raum Edom zu denken (vgl. Genesis 36,28), vielleicht ist Uz aber auch ein Kunstname und bedeutet so viel wie «Rätsel». Jedenfalls soll damit angedeutet werden, dass Hiobs Schicksal und die Reflexionen darüber gleichzeitig von allgemein menschlicher Relevanz sind.

Das inhaltliche Profil des Hiobbuches erschließt sich über seinen Aufbau: Zunächst zerfällt es in einen Rahmen aus Prolog und Epilog (Hiob 1–2; 42,7–17) und einen Dialogteil (Hiob 3,1–42,6), wobei der Dialogteil seinerseits noch weiter zu unterteilen ist: Er besteht aus einem Gespräch Hiobs mit seinen drei Freunden (Hiob 3–28), einem Monolog Hiobs (Hiob 29–31), den Reden Elihus, dem Gespräch mit einem vierten Freund (Hiob 32–37), zwei Gottesreden (Hiob 38–41) sowie einer Antwort Hiobs (42,1–6). Dieser Ablauf ist durchaus sinntragend, und die theologische Pointe des Hiobbuches ergibt sich aus dem spannungsreichen Zusammenspiel dieser drei Buchteile: Der Prolog (Hiob 1–2) exponiert das Problem, offeriert aber der Leserschaft bereits die Antwort auf die Frage, weshalb Hiob leiden muss: Er ist Gegenstand einer himmlischen Prüfung geworden. Die an den Prolog anschließenden Dialoge mit den Freunden spielen nahezu die gesamte Bandbreite möglicher Erklärungen für Hiobs Leiden durch. Vielleicht hat Hiob doch gesündigt, vielleicht muss er leiden, weil er im Grunde – wie alle Menschen – doch schuldig ist, vielleicht soll er auch zu einer bestimmten Einsicht erzogen werden. Gegen alle diese Erklärungsversuche lehnt sich Hiob jedoch auf, und die Leserschaft seines Buches weiß, dass Hiob im Recht ist: Hiobs Leiden hat seinen Grund weder darin, dass er sich aktuell gegen Gott vergangen hat, noch darin, dass er als Mensch vor Gott ja gar nicht gerecht sein kann, und auch die göttliche Erziehungsmaßnahme muss ausscheiden. Der Grund für Hiobs Leiden liegt allein in der himmlischen Prüfung, die Gott und Satan ihm auferlegen.

Die Abfolge von Prolog und Dialogen ist offenbar so angelegt, dass der Prolog vorweg die Positionen der Freunde in den Dialogen sachlich kritisiert. Er ist aber auch von Belang für die auf die Dialoge folgenden Gottesreden in Hiob 38,1–40,2; 40,6–41,26. Sie antworten auf das im Prolog exponierte Problem nur indirekt: Die Schilderung der geregelten Abläufe in der Natur und der Tierwelt sowie das am Beispiel von Flusspferd und Krokodil herausgestellte Chaoskampfmotiv vertreten eine Ordnungstheologie der Welt, die Hiobs Leiden zwar nicht nennt, aber in einen größeren Deutungszusammenhang stellt: Hiob leidet zwar, aber Hiob ist nicht die Welt. Hiobs Leben funktioniert nicht, aber die Welt funktioniert. Hiob befindet sich zwar im Chaos, die Welt als Ganzes ist jedoch der von Gott erhaltene und gelenkte Kosmos. Gleichwohl erhält das Ordnungspostulat der Gottesreden durch den Prolog ein erhebliches Gegengewicht: Das Leiden Hiobs fügt sich gerade nicht in die Weltordnung, auch nicht in eine unsichtbare oder dynamische Weltordnung ein, sondern ist Resultat eines grausamen Tests. Von den Begebenheiten des Prologs im Himmel erwähnt Gott in seiner Antwort an Hiob kein Wort.

Damit setzt sich auf anderer Ebene dieselbe sachliche Linie fort, die schon bei den Dialogen zu beobachten war: Der Prolog kritisiert nicht nur die Theologie der Freunde, er kritisiert auch die Offenbarung Gottes. Gott ist, vom Hiobprolog aus gesehen, weder über menschliches noch über göttliches Reden von Gott erschließbar. Wie aber lässt sich dann von Gott reden? Eine mögliche Antwort, die das Hiobbuch für seine Leserschaft bereithält, lässt sich aus der abschließenden Gottesaussage über Elifas und seine Freunde entnehmen:

> Mein Zorn ist über dich und deine Freunde entbrannt, denn ihr habt nicht recht zu mir geredet wie mein Knecht Hiob. (Hiob 42,7)

Der hebräische Text spricht hier prägnant von «reden *zu* Gott» und nicht von «reden *von* Gott». Das Hiobbuch erteilt damit dem *disputare de Deo,* dem Streiten *über* Gott, eine Absage, bekräftigt aber gleichzeitig eine in der Situation des Leidens transformierte Sprechrichtung zu Gott hin, nämlich die Klage. Dass Hiob sich in seiner Not klagend, ja sogar auch anklagend an Gott wendet, wird durch Hiob 42,7 explizit legitimiert. Die Theologie des Hiobbuches ist also von der grundsätzlichen denkerischen Entzogenheit Gottes für den Menschen geprägt, die aber über das existentielle Klagen zumindest partiell einholbar ist.

Interessanterweise endet das Hiobbuch mit der doppelten Restitution Hiobs durch Gott selbst: Alles, was er an Besitz verloren hat, wird ihm doppelt zurückgegeben (Hiob 42,10–12). Damit verhält sich Gott letztlich so, wie es die Tora für die Rückgabe von entwendetem oder gestohlenem Besitztum vorsieht: Es muss doppelt restituiert werden (Exodus 22,3.6). Implizit wird Gott so als gerecht gezeichnet, auch wenn er seinem eigenen Gesetz nicht unterworfen ist.

Das Hiobbuch kritisiert über weite Strecken klassische und etablierte Positionen der biblischen Theologie. Es wendet sich gegen die Prophetie, die ihren Lesern einschärft, dass Unheil als göttliche Strafe für menschliche Schuld zu interpretieren sei. Dagegen zeigt das Hiobbuch, dass göttliches Handeln auch grundlos vernichten kann. Es wendet sich weiter gegen die Theologie der Heilsgegenwart der Psalmen und der Priesterschrift, die Gott für die Seinen handeln und wirken lässt. Das Hiobbuch macht aber deutlich, dass Gott sich nicht darauf festlegen lässt, seinen Verehrern Hilfe und Rettung zukommen zu lassen: Gottes Freiheit ist größer als seine Zuwendung zu den Menschen.

Die Formierung der Tora

Mit der perserzeitlichen Formierung der Tora («Gesetz») wurde zum ersten Mal in der Geistesgeschichte des Alten Orients ein Gesetzeskorpus losgelöst von einem König als maßgebliche Größe etabliert und nach und nach auch so rezipiert: Normative Instanz war im Alten Orient der König, Gesetze boten ihm Hilfestellung bei der Entscheidungsfindung, banden ihn dabei aber nicht. Die Tora war der erste Gesetzestext der Levante, der für sich selbst Verbindlichkeit beanspruchte.

In literarischer Hinsicht ist die Tora ein sehr komplexes Gebilde, und sie lässt ihren Kompositcharakter auch in ihrer jetzigen Gestalt noch gut erkennen. Zwei Beobachtungen sind besonders wichtig: Zum einen ist deutlich, dass die Tora über keinen abgeschlossenen Handlungsstrang verfügt. Man kann nach dem Buch Deuteronomium erzähllogisch ohne Lücke im Josuabuch weiterlesen und findet dort die Fortsetzung der in der Tora erzählten Gründungsgeschichte Israels, die sich bis in die Königsbücher fortsetzt. Es ist offenkundig, dass die Zäsur, die mit der Abgrenzung der Tora aus dem großen Erzählzusammenhang von Genesis bis 2. Könige gegeben ist, sekundärer Natur ist und ursprünglich Zusammengehöriges trennt. Dass die Erzählfolge von Genesis bis Deuteronomium als Tora ausgegrenzt worden ist, lässt sich durch den Umstand erklären, dass sich alle gesetzlichen Bestimmungen hier finden, vor allem im Rahmen der Mosebiographie, die von Exodus bis Deuteronomium reicht. Anders gesagt: Die Tora umfasst jenen Ausschnitt der biblischen Geschichte Israels, der durch die Gabe des Gesetzes und seine Vorgeschichte geprägt ist.

Zum anderen ist unschwer zu erkennen, dass die Tora in sich unterschiedliches Textgut vereint, das nicht von vornherein zusammengehörte. So scheinen die erzählenden und die gesetzlichen Passagen unterschiedlichen Ursprungs zu sein. Die Gesetze sind wohl erst nach und nach in den Erzählverlauf eingebunden worden. Vor allem aber zeigen die großen Überlieferungsblöcke der Erzelterngeschichte (Genesis 12–50) und der Exoduserzählung, dass sie nachträglich zusammengefügt worden sind: Die

Erzelterngeschichte führt nicht nahtlos auf die Exoduserzählung zu. Sie muss im Gegenteil in Exodus 1,6.8 gewissermaßen erzählerisch außer Kraft gesetzt werden, indem Joseph stirbt und ein anderer Pharao herrscht, der nichts von ihm weiß, bevor die Exoduserzählung einsetzen kann. Die Exoduserzählung wiederum ist nicht auf die Erzelternerzählung als Einleitung angewiesen. Das zeigt die Rede von Israel als «Israel von Ägypten her», die in anderen Schriften der späteren Hebräischen Bibel verbreitet ist. Auch die nichtpriesterschriftlichen Anteile der sogenannten Urgeschichte (Genesis 1–11) zeigen eine gewisse Selbständigkeit, die damit zu erklären sein könnte, dass sie einmal eine Erzählung für sich gebildet haben. Bei der Formierung der Tora ist also mit zwei grundsätzlichen, in sich wohl mehrfach gestaffelten Vorgängen zu rechnen: Sie betreffen einerseits die literarische Verbindung der Materialien in Genesis bis Deuteronomium und andererseits die Ausgrenzung der Tora aus dem Zusammenhang von Genesis bis 2. Könige.

Doch weshalb und wie kam es zum Abschluss der Tora? Ihre Formierung ist im Zusammenhang mit der Rechtsorganisation des Perserreichs zu sehen, die kein zentrales Reichsrecht für alle unterworfenen Völker kannte, vielmehr diese dezentral nach ihren eigenen Rechtsordnungen leben ließ, die allerdings von persischer Seite zu autorisieren waren. Der Vorgang der zentralen persischen Reichsautorisation lokaler Normen ist für verschiedene Erlasse und Regelungen hinreichend belegt. Für die Tora muss man einen solchen Vorgang allerdings aus mehreren Indizien erschließen. Ein auffälliger Hinweis auf die persische Autorisation der Tora findet sich in dem Beglaubigungsschreiben, das der persische König Artaxerxes dem Schreiber Esra nach Jerusalem mitgegeben haben soll (Esra 7,12–26). Esra bringt auf Geheiß des Königs «das Gesetz des Gottes des Himmels» nach Jerusalem – gemeint sind die Gesetze der Tora. Am Ende dieses Schreibens wird verfügt:

> Und über jeden, der das Gesetz deines Gottes und das Gesetz des Königs nicht befolgt, soll gewissenhaft Gericht gehalten werden, sei es zum Tod, sei es zur Verstoßung, sei es zu Geldbuße oder zu Gefängnis. (Esra 7,26)

In dieser Formulierung ist die Doppelung «das Gesetz deines Gottes und das Gesetz des Königs» höchst auffällig: Zuvor war nur vom Gesetz von Esras Gott, dem «Himmelsgott», die Rede; das Perserreich kannte kein zentrales Reichsgesetz, auf das sich der Ausdruck «das Gesetz des Königs» hätte beziehen können. Am einfachsten ist diese Doppelung zu verstehen, wenn «das Gesetz deines Gottes und das Gesetz des Königs» sich auf ein und dieselbe Größe beziehen, nämlich die Gesetze der Tora, die einmal aus jüdischer («das Gesetz deines Gottes») und einmal aus persischer Perspektive («das Gesetz des Königs») benannt werden. In dieser Terminologie, so die einfachste Erklärung, spiegelt sich der Status der Tora als von der persischen Zentralregierung autorisiertes Lokalgesetz der Juden wider.

Obwohl die Tora als verbindliches Textkorpus geformt worden zu sein scheint, muss ihre faktische Bedeutung im antiken Judentum jedoch in mehrfacher Hinsicht relativiert werden. Zunächst zeigen die Funde aus der jüdischen Söldnerkolonie in Elephantine – einer Nilinsel, auf der sich eine Kolonie von jüdischen Söldnern in Ägypten niedergelassen hatte –, dass das perserzeitliche Judentum in Ägypten keineswegs überall toratreu organisiert war: Unter den Papyrusfunden findet sich kein Beleg für die Tora, wie überhaupt kein einziger biblischer Text dort nachgewiesen ist. Man mag dies als Zufall interpretieren, doch angesichts des synkretistischen Befundes in Elephantine – man verehrte dort neben JHWH offenbar auch andere Gottheiten – ist dies wenig wahrscheinlich. Zudem besaßen die Juden auf der Nilinsel einen eigenen Tempel, was im Widerspruch zur Tora steht, die nur ein einziges Heiligtum, jenes in Jerusalem, für legitim erklärt (Deuteronomium 12,13–19).

Aus der babylonischen Diaspora des Judentums fehlen für diese Zeit zwar die Quellen, doch es ist keineswegs ausgeschlossen, dass auch dort die Treue zur Tora nicht den obersten Maßstab des religiösen und kulturellen Lebens bildete. Dies legen vor allem die – wenn auch unklaren – Hinweise auf einen eigenen Tempel in der babylonischen Diaspora zumindest nahe.

Hinzu tritt der Umstand, dass sich in perserzeitlichen und hellenistischen Prophetentexten Aussagen finden, die in direktem Widerspruch zur Tora stehen. So wird etwa in Jesaja 56,3–7 gesagt, dass sexuell Versehrte und Ausländer zur Gemeinde JHWHs hinzustoßen können – in offenkundiger Korrektur des sogenannten Gemeindegesetzes in Deuteronomium 23,1–7, wo ebendies verboten wird. Oder in Jesaja 65,17–25 werden ein neuer Himmel und eine neue Erde verheißen – davon weiß die Tora nichts und würde auch nichts davon wissen wollen. Für sie bestehen Himmel und Erde, einmal erschaffen, für immer; ja, im Buch Deuteronomium (31,28; 32,1) können sie als Zeugen gegen Israel angerufen werden, was ihren immerwährenden Bestand voraussetzt.

Die Tora konnte sich also mit ihrem Normativitätsanspruch erst nach und nach durchsetzen. Im Bereich Israels hat man erstmals mit den Texten aus Qumran, also vom 2. Jahrhundert v. Chr. an, deutliche Hinweise dafür, dass sich eine Gruppierung innerhalb von Israel voll und ganz auf die Tora stützte und alles daransetzte, ihre Weisungen zu befolgen. Nach der Tempelzerstörung durch die Römer im Jahr 70 n. Chr. fand die Tora im rabbinischen Judentum vollends Geltung – in erster Linie deshalb, weil danach von den Richtungen des antiken Judentums in Israel vor allem die pharisäische Linie überlebte, die sich im rabbinischen Strang fortsetzte.

Reaktionen auf die Heilsverzögerung

Die theokratischen Positionen besaßen in der frühen Zeit des Zweiten Tempels eine unmittelbare lebensweltliche Evidenz: Gottes Heil realisiert sich in den zeitgenössischen politischen Erfahrungen. Doch mit der Zeit wandelte sich auch im theokratischen Lager die Einschätzung der Lage. Die Situation Judas und Jerusalems war trotz Tempelbau beklagenswert und wurde als Heilsverzögerung gedeutet: Die ökonomischen Verhältnisse waren sehr bescheiden, wovon die prekären sozialen Umstände zeugen (Nehemia 5), und die Einwohnerzahl in Jerusalem und ganz Juda ging auf einen Tiefpunkt zurück.

Diese Problematik lassen besonders die Texte in Jesaja 56–66 erkennen, die wahrscheinlich in das 4. und 3. Jahrhundert

v. Chr. zu datieren sind (der Kern in Jesaja 60–62 ist etwas älter). Das von Deuterojesaja (Jesaja 40–55) verheißene Heil traf nicht wie angekündigt ein. Die Autoren von Jesaja 56–66 suchten im Gefolge der damaligen Erfahrungen von Mangel, Not und Ungerechtigkeit nach den Gründen und identifizierten die Heilshindernisse im falschen Verhalten des Gottesvolkes im kultischen und sozialen Bereich. Die Mahnungen und Anklagen in Jesaja 56–66 sind das Resultat dieser Denkbemühungen: Israel hat umzukehren und sich um die Missstände zu kümmern, sonst kann sich das bei Gott beschlossene Heil nicht durchsetzen.

Entgegen der alten «Tritojesaja»-Hypothese geht man heute davon aus, dass Jesaja 56–66 nicht auf die vormals mündliche Verkündigung eines eigenständigen Propheten («Tritojesaja») zurückgeht; vielmehr sind diese Kapitel als schriftgelehrte Tradentenprophetie anzusehen, die nie anders denn als Texte für ein Buch existiert haben. Exemplarisch lässt sich der schriftgelehrte Charakter sowie das gegenüber Jesaja 40–55 veränderte theologische Profil von Jesaja 56–66 an der Aufnahme von Jesaja 40,3 in Jesaja 57,14 erkennen:

> Horch, es ruft:
> In der Wüste *bahnt* den Weg Jhwhs;
> macht in der Steppe eine gerade *Straße* unserem Gott!
> (Jesaja 40,3)

> Und er spricht:
> *Bahnt*, *bahnt*, ebnet eine *Straße*!
> Räumt meinem Volk jeden Anstoß aus dem Weg! (Jesaja 57,14)

In Jesaja 40,3 wird dazu aufgerufen, eine Prozessionsstraße für Gott zu ebnen, damit dieser nach Zion/Jerusalem in sein Heiligtum zurückkehren kann. Jesaja 57,14 greift diesen Aufruf auf, interpretiert ihn nun aber ethisch um: Die sozialen und religiösen Missstände im Volk müssen beseitigt werden, damit das Heil zum Durchbruch kommt.

Diese Position von Jesaja 56–59 erwies sich jedoch nicht als nachhaltige Lösung des Problems, dass das Heil auf sich warten ließ. Die Texte in Jesaja 63–66 transformieren die Mahnungen und Anklagen aus Jesaja 56–59, indem nun das erhoffte Eintreten des verheißenen Heils nicht mehr von immer weitergreifenden Bedingungen abhängig gemacht wird, sondern auf eine Gruppe innerhalb Israels, die «Frommen», beschränkt wird, der sich aber auch Anhänger aus den Völkern anschließen können. Damit wird die theologische Einheit des Gottesvolkes aufgegeben: Heil sehen die Abschlusstexte des Jesajabuches in Jesaja 65–66 nur noch für die Gerechten vor. Die Frevler hingegen werden dem Gericht verfallen (Jesaja 65,1–15, vgl. Jesaja 57,20–21).

In literaturgeschichtlicher Hinsicht markiert dieser Schritt eine einschneidende Zäsur: Die Aufhebung der in vorhellenistischer Zeit weitgehend unbestrittenen Heilsgröße «Israel» bahnte den Weg zur Individualisierung der jüdischen Religion. Dies zeigte sich zunächst in der Ausbildung der sogenannten Apokalyptik: Auf das Verhalten und Schicksal des Einzelnen kommt es an. Diese Tendenz wurde dann vor allem nach dem Untergang Jerusalems 70 n. Chr. weiter verstärkt und beeinflusste in dieser Gestalt auch das Christentum maßgeblich: Seine Heilsbotschaft betrifft kein ethnisches, soziales oder politisches Kollektiv, sondern jede Einzelne und jeden Einzelnen.

Im Blick auf die Normativität der Schrift sind diese Entwicklungen von weitreichender Bedeutung. Während die vormals schlechterdings normative Instanz des Königtums wegfiel und gleichzeitig die grundsätzliche Limitierung des menschlichen Urteils- und Erkenntnisvermögens ins Bewusstsein rückte, wuchs den zunehmend autoritativ werdenden Schriften geradezu von selbst eine höhere Verbindlichkeit zu: Die versagende «Innensteuerung» des Menschen, die Kluft zwischen Wollen und tatsächlichem Handeln, ließ sich durch die Beachtung heiliger Texte kompensieren.

Die Begegnung mit dem Hellenismus

Durch den Eroberungsfeldzug Alexanders des Großen (356–323 v. Chr.) wurde die Herrschaft der Perser im östlichen Mittelmeerraum beendet. Dieser in antiken Dimensionen «globale» Zug, der in den Jahren 334–324 v. Chr. stattfand, führte Alexander und sein Heer von Makedonien aus zunächst nach Kleinasien und Ägypten, dann weiter in den Nahen und Mittleren Osten und schließlich bis nach Indien. Eine wesentliche Folge dieser weit ausgreifenden Eroberungen war die Durchdringung des Mittelmeerraums und des Vorderen Orients mit griechischer Sprache, Religion, Architektur, Philosophie und Dichtung. Diese Entwicklung, die auch das Judentum grundlegend beeinflusste und für das entstehende Christentum vorauszusetzen ist, wird seit Johann Gustav Droysen mit dem Begriff «Hellenismus» bezeichnet.

Freilich spielten die Griechen bereits vor Alexander im Orient eine wichtige Rolle. Durch die Ausbreitung ihrer Kultur bis hin zum Indus und die damit einhergehende Beeinflussung lokaler Traditionen in den verschiedenen, nunmehr unter griechische Herrschaft gelangenden Gebieten wurden jedoch die Kulturen der betroffenen Völkerschaften in zuvor nicht dagewesener Weise geprägt. Das trifft auch auf das Judentum und in der Folge auf das entstehende Christentum zu.

Die griechische Kultur beeinflusste das Judentum in so vielfältiger Weise, dass es für diese Zeit auch als «hellenistisches Judentum» bezeichnet wird. Diese Entwicklung setzte im 3. Jahrhundert v. Chr. ein und dauerte bis ins 1. Jahrhundert n. Chr. Mit der Herausbildung des rabbinischen Judentums als Reaktion auf die Zerstörung Jerusalems und des Tempels sowie auf die Entstehung des Christentums setzte eine neue Phase in der Geschichte des Judentums ein – wobei sich auch im rabbinischen Judentum griechische Einflüsse feststellen lassen.

Der Grad der «Hellenisierung» des Judentums war in den verschiedenen Regionen des Mittelmeerraums unterschiedlich. In der Diaspora – vor allem in Alexandria – war die Offenheit gegenüber griechischer Kultur prinzipiell eher vorhanden als in Israel und Juda. Aber auch dort gab es «Hellenisierungsprozesse», auch wenn sich diese unter anderen politischen und religiösen Vorzeichen vollzogen. Wenn einige Schriften der hellenistischen Zeit, insbesondere das Danielbuch und die Makkabäerbücher, den Eindruck erwecken, die griechische Kultur sei von der Mehrheit des Judentums abgelehnt worden, spiegelt das deshalb nur eine, nämlich die «orthodoxe», antihellenistische Richtung des Judentums wider, die sich im klassischen Judentum später weitgehend durchsetzen konnte. Der «Hellenismus» fand unter den Zeitgenossen jedoch auch Akzeptanz, daher kam es vor allem im palästinischen Judentum zu teilweise heftigen Kontroversen zwischen Befürwortern und Gegnern einer Annäherung jüdischer und hellenistischer Kultur.

Ein wichtiges Zeugnis des Einflusses griechischer Kultur auf das Judentum war die Übersetzung der Tora (und dann auch der anderen Bücher der Hebräischen Bibel) ins Griechische, man nennt sie die Septuaginta (wörtlich «siebzig», nach der legendarischen Anzahl der Übersetzer). Dadurch wurden die verbindlichen Schriften des Judentums den griechischsprachigen jüdischen Gemeinden sowie der nichtjüdischen Gesellschaft zugänglich gemacht. Zugleich vollzog sich damit ein wichtiger Prozess innerhalb der Interpretation dieser Schriften selbst, denn mit ihrer Übersetzung in die griechische Sprache wurden sie zugleich für griechisches Denken geöffnet. Umgekehrt erfuhr auch die griechische Sprache eine wichtige Erweiterung, da etliche Begriffe und Wendungen durch die Übersetzung aus dem Hebräischen bzw. Aramäischen ins Griechische eine inhaltliche Neuprägung erfuhren. Diese Prägungen griechischer Termini und grammatischer Konstruktionen haben sich dann auch auf die Abfassung griechischer jüdischer Texte ausgewirkt.

Die Verbindung von jüdischer Tradition mit griechischem Denken ist in Übersetzungen und griechisch verfassten jüdischen Schriften – etwa bei Jesus Sirach, bei Pseudo-Phokylides oder in der Weisheit Salomos – deutlich zu erkennen. In prägnanter Weise wird das besonders in Sirach 24,1.23 oder Baruch 4,1 deutlich. Hier werden Tora und Weisheit direkt miteinander identifiziert: Die jüdische Tora ist nichts anderes als die schriftgewordene Weisheit. Wer sich mit der Tora auseinandersetzt, beschäftigt sich in konzentrierter Form mit der griechischen Philosophie. Damit geht der Anspruch einher, die Tora in der Substanz mit der Weisheit gleichzusetzen; zugleich ist sie jedoch mehr als diese, denn sie stammt von dem einen Gott, dem Schöpfer und Herrn der Welt.

Das Aufkommen der Apokalyptik

Die Zeit ab dem 3. Jahrhundert v. Chr. ist nicht nur durch den Hellenismus, sondern auch durch das Aufkommen der sogenannten Apokalyptik geprägt. Der Name «Apokalyptik» für diese spezifische Form von Geschichtsbetrachtung und -theologie leitet sich von der biblischen Johannesoffenbarung her, die sich in ihrer Überschrift (1,1) als «Apokalypse» («Offenbarung» oder «Enthüllung») des Johannes bezeichnet.

Die Apokalyptik erstarkte nach und nach im Mittelmeerraum und blieb im Judentum bis zum Ende des 1. Jahrhunderts, im Christentum bis etwa zum 5. Jahrhundert n. Chr. lebendig. Ihre religionsgeschichtlichen Wurzeln liegen allerdings im Dunkeln. Bis in die Mitte des 20. Jahrhunderts galt das Danielbuch, das namentlich in den Kapiteln 7–12 aus der Zeit des Kampfes der Makkabäer gegen die hellenistische Herrschaft (167–164 v. Chr.) stammt, als älteste apokalyptische Schrift des Judentums. Durch die Qumranfunde wurde jedoch klar, dass die Henochliteratur bereits vom Manuskriptbefund her älter sein muss als die entsprechenden Teile des Danielbuches und auf die Zeit vor den Makkabäerkriegen zurückgeht.

Die literarisch fassbaren Ursprünge der jüdischen Apokalyptik liegen demnach in den Henochbüchern. Dabei handelt es sich um ein Sammelwerk, das aus mehreren, ursprünglich selbständigen Schriften besteht. Die ältesten Bestandteile sind in 1. Henoch 72–82, dem sogenannten astronomischen Buch, zu finden. Es war wohl priesterliches Spezialwissen, das den kosmologischen und weltgeschichtlichen Spekulationen der Apokalyptik ursprünglich zugrunde lag. Dabei scheinen auch mesopotamische und vielleicht sogar persische Einflüsse eine Rolle gespielt zu haben, auch wenn diese in der Forschungsgeschichte bisweilen überschätzt worden sind.

Grundlegend für die Entstehung der apokalyptischen Literatur sind geschichtliche Erfahrungen, die einige Jahrhunderte auseinanderliegen (vom ausgehenden 4. Jahrhundert v. Chr. bis ins 1. Jahrhundert n. Chr.), aber in ihrer Bedeutung für das Judentum und seine Interpretation der Geschichte vergleichbar sind: der Zusammenbruch des persischen Weltreichs als Folge des Alexanderfeldzugs, die Entweihung des Jerusalemer Tempels durch den hellenistischen Herrscher Antiochus IV. (164 v. Chr.) sowie die vollständige Zerstörung des Tempels durch die Römer (70 n. Chr.). Das erste Ereignis wurde vor allem für die Frühphase der Apokalyptik bedeutsam, das zweite für die Visionen in der zweiten Hälfte des Danielbuches (Daniel 7–12), das dritte für die apokalyptische Literatur des 1. Jahrhunderts n. Chr. wie etwa das 4. Esrabuch oder das syrische Baruchbuch.

Die apokalyptische Literatur beschäftigt sich mit grundlegenden theologischen Fragen, die als Folge der Erfahrungen von Unterdrückung, Fremdherrschaft und Zerstreuung den Glauben an die Gerechtigkeit Gottes radikal in Frage stellten: Wo ist Gott? Hat er sich verborgen? Hat er sein Volk gar verstoßen? Apokalyptische Texte geben auf diese Fragen spezifische Antworten, die durch einen Visionär, dem der Verlauf der Weltgeschichte bis zu seinem Ende offenbart wird, schriftlich niedergelegt werden. Diese Ereignisse bilden die Bestandteile eines umfassenden göttlichen Plans, der darauf hinausläuft, dass am Ende die Sünder bestraft und die Gerechten belohnt werden. Das Ende der irdischen Geschichte geht dabei oftmals mit der Vernichtung der gegenwärtigen Welt durch kosmische Ereignisse einher, die in apokalyptischen Texten in drastischer, oft auch gewaltsamer Art beschrieben werden. Trotz – oder gerade wegen – dieses oftmals irritierenden Charakters solcher Texte darf nicht vergessen werden, dass es sich um eine spezifische Form von Geschichtstheologie handelt, die die Diskrepanz zwischen den negativen Erfahrungen in der Gegenwart und dem Glauben an die Macht Gottes über die Welt und an seine Gerechtigkeit erklären will.

Die Zerstörung des Zweiten Jerusalemer Tempels im Jahr 70 n. Chr. stellte im Blick auf die Frage nach der Macht Gottes eine besondere Herausforderung dar, handelte es sich hierbei doch um den nach jüdischer Überzeugung zentralen Ort der Präsenz Gottes in der Welt. Eine theologische Bewältigung dieses Ereignisses findet sich in dichter Form im 4. Esrabuch und im 2. Baruchbuch, die gegen Ende des 1. Jahrhunderts n. Chr.

entstanden. Sie entwickeln das Konzept einer Zwei-Äonen-Lehre, die besagt, dass Gott von allem Anfang an nicht eine, sondern zwei Welt(zeit)en (Äonen) geschaffen hat. Der erste Äon ist gekennzeichnet durch eine kontinuierliche Rücknahme des Heilswillens Gottes aus der Geschichte, die auf ein Endgericht zuläuft. In diesem Gericht werden nur die Frommen und Gesetzestreuen bestehen. Im zweiten, kommenden Äon erhalten sie sodann ein neues, ewiges Leben.

Die apokalyptische Literatur knüpft mit ihren Visionsberichten an die prophetische Tradition an (vgl. etwa Amos 7–9; Jesaja 6; Ezechiel 1–3.8.11.37.40–48; Sacharja 1–6) und stellt ihre Positionen als Offenbarungswissen und nicht als Resultat menschlicher Reflexionen dar. Faktisch präsentiert eine apokalyptische Schrift aber natürlich die theologische Position ihres Verfassers, die durch die theologische Zusammenschau von Tradition und Erfahrung gewonnen wird. Ein Spezifikum der meisten jüdischen und christlichen Apokalypsen besteht darin, dass die Vision einer bedeutenden Person der Geschichte Israels (etwa Henoch, Daniel, Mose, Esra, Abraham oder Baruch) in den Mund gelegt wird, die bereits vor langer Zeit gelebt hat (die Johannesoffenbarung des Neuen Testaments stellt eine Ausnahme dar). Gott hat diesen Figuren den Lauf der Geschichte geoffenbart, und sie überblicken diesen jeweils von ihrem fiktiven historischen Ort aus bis zu seinem Ende.

Die apokalyptische Sicht auf die Geschichte hat jedoch auch Gegenpositionen auf den Plan gerufen. Das Koheletbuch – in deutschen Bibeln oft als «Prediger Salomo» bezeichnet – hat sich der Weltflucht der Apokalyptik entgegengestellt. Es dürfte gegen Ende des 3. Jahrhunderts v. Chr. entstanden sein und ist mit «Worte Kohelets, des Sohnes Davids, des Königs in Jerusalem» (Kohelet 1,1) überschrieben. Damit wird die Schrift auf Salomo zurückgeführt. «Kohelet» ist ein Kunstwort und heißt so viel wie «Versammler» oder «Prediger». Die Gestaltung des Buches als Spruchsammlung erinnert an die Redeform der sogenannten «Diatriben» aus der griechischen Popularphilosophie.

Inhaltlich wurde oft eine Nähe des Koheletbuches zum antiken Skeptizismus sowie zu den Lebenslehren aus Stoa und Epikureismus postuliert. Zweifellos finden sich sachliche Berührungspunkte, die wohl auch auf Kulturkontakte zurückgehen, doch unterscheidet sich die Position des Koheletbuches in verschiedenen Punkten vom Skeptizismus im Bereich der griechischen Philosophie: So ist für diesen konstitutiv, dass Erkenntnis an sich nicht möglich ist und man sich deshalb des Urteils über Gott und die Welt enthalten solle. Auch Kohelet betont die engen Grenzen menschlicher Erkenntnis, leitet daraus aber eine andere Folgerung ab. Er zieht die Leistung und Begrenztheit menschlicher Erkenntnis zur elementaren Begründung seiner praktischen Philosophie heran: Der Mensch vermag zwar die Welt nicht zu erkennen, aber er kann Essen, Trinken und Lebensfreude als Gaben genießen, die Gott dem Menschen zukommen lässt (vgl. Kohelet 3,11–13).

Damit preist das Koheletbuch die grundlegenden Lebensordnungen, wie sie etwa die Urgeschichte der Tora in Genesis 1–11 vor Augen stellt. Gleichzeitig weist es alle eschatologischen Perspektiven ab, vor allem in Auseinandersetzung mit der zeitgenössischen Prophetie und Apokalyptik, denn es gibt «nichts Neues unter der Sonne» (Kohelet 1,9). Der Mensch ist also auf diese Welt angewiesen, wie sie ist. Er kann ihre Ordnungen nicht verstehen, aber er kann sich an ihren guten Gaben erfreuen.

3. Die Schriften des frühen Christentums

Die Jesusbewegung im antiken Judentum

Das Christentum hat seine Wurzeln in der Bewegung um Jesus von Nazareth, der das nahe gekommene Reich Gottes ankündigte – eine Erwartung, deren thematischer Ursprung in der Hebräischen Bibel liegt. Texte aus der Perserzeit wie Psalm 145 stellen das Reich Gottes als Zustand umfassender Fürsorge Gottes für seine Geschöpfe dar. Im Vordergrund steht die Ernährung aller Lebewesen, die das Vaterunser der Bergpredigt dann das «tägliche Brot» nennen wird (Matthäus 6,9–13):

> Gnädig und barmherzig ist JHWH,
> langmütig und reich an Gnade.
> JHWH ist gut gegen alle,
> und sein Erbarmen waltet über allen seinen Werken.
> Es preisen dich, JHWH, alle deine Werke,
> und deine Getreuen loben dich.
> Sie sprechen von der Herrlichkeit deines Reichs
> und reden von deiner Macht,
> um den Menschen kundzutun deine mächtigen Taten,
> Glanz und Pracht deines Reichs.
> Dein Reich ist ein Reich für alle Zeiten,
> und deine Herrschaft währt von Generation zu Generation.
> JHWH stützt alle, die fallen,
> und richtet alle Gebeugten auf.
> Aller Augen warten auf dich,
> und du gibst ihnen Speise zur rechten Zeit.
> Du tust deine Hand auf
> und sättigst alles, was lebt, mit Wohlgefallen. (Psalm 145,8–16)

Für diese perserzeitlichen Positionen war das Reich Gottes eine Realität, wie sie sich in der toleranten Herrschaft der Perser zeigte. Die politischen Verwerfungen der hellenistisch-römischen Zeit hingegen entrückten diese Vorstellung im Verlauf des

3. und 2. Jahrhunderts v. Chr. wieder in die Zukunft und machten sie zu einem Gegenstand der Erwartung. Bei Jesus ist die Nähe des Reiches Gottes allerdings nicht nur zeitlich (vgl. Markus 1,15), sondern auch räumlich gedacht:

> Als er von den Pharisäern gefragt wurde, wann das Reich Gottes komme, antwortete er ihnen: Das Reich Gottes kommt nicht so, dass man es beobachten könnte. Man wird auch nicht sagen können: Hier ist es! oder: Dort ist es! Denn seht, das Reich Gottes ist mitten unter euch. (Lukas 17,20–21)

Wenn Jesus Heilungen vollzieht, dann zeigt sich darin die gegenwärtig erfahrbare Wirksamkeit des anbrechenden Reiches Gottes.

> Wenn ich jedoch durch den Finger Gottes die Dämonen austreibe, dann ist das Reich Gottes zu euch gelangt. (Lukas 11,20)

Jesus stammte aus Galiläa, aus Nazareth. Über seine Geburt und seine Kindheit erzählen die Evangelien zwar einige Begebenheiten, doch historischen Grund unter die Füße bekommt man erst mit der Darstellung seiner Wirksamkeit in Galiläa und Umgebung sowie in Jerusalem und einigen umliegenden Orten. Jesus war ein Wanderprediger, der Anhänger um sich scharte und die Botschaft verkündigte, dass Gott sich den Menschen in bedingungsloser Liebe zuwendet:

> Sorgt euch nicht um euer Leben, was ihr essen werdet, noch um euren Leib, was ihr anziehen werdet. Ist nicht das Leben mehr als die Nahrung und der Leib mehr als die Kleidung? Schaut auf die Vögel des Himmels: Sie säen nicht, sie ernten nicht, sie sammeln nicht in Scheunen – euer himmlischer Vater ernährt sie. Seid ihr nicht mehr wert als sie? Wer von euch vermag durch Sorgen seiner Lebenszeit auch nur eine Elle hinzuzufügen? (Matthäus 6,25–27)

Jesus konnte lesen und schreiben, wie seine in den Evangelien dokumentierten Diskussionen mit den Pharisäern und den Schriftgelehrten zeigen. Gemäß der kleinen Szene in Johannes 8,6.8 soll er mit dem Finger etwas in den Sand geschrieben haben. Er selbst hat aber nichts Schriftliches hinterlassen. Der scharfe Gegensatz, den die Evangelien zwischen Jesus und den Vertretern des Judentums seiner Zeit zeichnen, ist vor allem den Auseinandersetzungen zwischen dem sich entwickelnden Christentum und dem Judentum zur Zeit ihrer Abfassung geschuldet. Jesus war ein Jude, der sich nicht als neuer Religionsstifter verstand, sondern der sich an seine Volksgenossen mit einer Botschaft wandte, die mit ihrem Fokus auf den Armen und Schwachen viele sachliche Anknüpfungspunkte in der Hebräischen Bibel fand (vgl. etwa Psalm 145; Jesaja 56–59 u.a.).

Die Wirksamkeit und Verkündigung Jesu bilden den geschichtlichen Ausgangspunkt des Christentums, doch grundlegend ist für dieses eine neue Sicht auf Jesus Christus als den vom Tod auferweckten und zu Gott erhöhten Retter. Nach dem Tod Jesu am Kreuz berichteten seine Jünger über zahlreiche Visionen, die sie als Auferstehungserfahrung deuteten. Eine der wichtigsten Quellen dafür findet sich bei Paulus:

> Denn ich habe euch vor allen Dingen weitergegeben, was auch ich empfangen habe: dass Christus gestorben ist für unsere Sünden gemäß den Schriften, dass er begraben wurde, dass er am dritten Tage auferweckt worden ist gemäß den Schriften und dass er Kefas [d.h. Petrus] erschien und dann den Zwölfen. Danach erschien er mehr als fünfhundert Brüdern auf einmal, von denen die meisten noch leben, einige aber entschlafen sind. Danach erschien er dem Jakobus, dann allen Aposteln. Zuletzt von allen aber ist er auch mir, gleichsam einer Missgeburt, erschienen. (1. Korinther 15,3–8)

Man rechnet heute damit, dass sich nach der Kreuzigung im Jahr 33 im frühen Christentum sehr schnell eine «hohe Christologie» entwickelte, die sich vor allem in liturgischen Formeln zeigte, die die traditionelle Gottesbezeichnung *kyrios,* «Herr», auf Jesus übertrug. So entstand ein früher «Binitarismus», also gewissermaßen eine Zweifaltigkeitsvorstellung Gottes. Sie ist historisch darauf zurückzuführen, dass die Auferstehungszeugnisse, die in Jesu Anhängerkreis kursierten, als wahrhaftig angesehen wurden. Ein trinitarischer Gottesbegriff ist zwar im Neuen Testament etwa in triadischen Formulierungen angelegt («Tauft sie auf den Namen des Vaters und des Sohnes und des heiligen Geistes», Matthäus 28,19), als ausformuliertes Dogma lässt er sich jedoch erst in der altkirchlichen Bekenntnisbildung belegen.

Die Überzeugung von der Göttlichkeit Jesu entstand also sehr bald nach seinem Tod. Aufgrund ihrer Schärfe musste sie beinahe zwangsläufig früher oder später zum Bruch der Jesusbewegung mit dem Judentum führen: Sie konfligierte mit der monotheistischen Grundvorstellung des Judentums. Dieses kannte in seinen antiken Textzeugnissen zwar auch göttliche Wesen minderen Rangs, aber es stand der Frage, ob diesen derselbe Stellenwert wie Gott selbst zuerkannt werden soll, skeptisch gegenüber. Während zunächst das frühe Christentum noch vor allem als Strang innerhalb des Judentums existierte, wurde mehr und mehr deutlich, dass sich diejenigen, die den Glauben an Jesus Christus annahmen, vom Judentum entfernten.

Die Geschichte der weiteren Ausgestaltung des Verhältnisses von Judentum und Christentum in und nach der urchristlichen Zeit wird mitunter als «Trennung der Wege» («Parting of the Ways») bezeichnet. Dieses Modell ist allerdings von beschränkter Aussagekraft: Das Bild von zwei «Wegen», die sich «getrennt» hätten, vereinfacht die tatsächlichen Prozesse und beruht auf einer zu schematischen Vorstellung von «dem» Judentum und «dem» Christentum. Fraglos aber haben die konkreten Begegnungen zwischen Judentum und Christentum – in gegenseitiger Beeinflussung und Abgrenzung – deren spätere Ausformungen entscheidend mitbestimmt. So ist nicht nur das Christentum eine Tochterreligion des Judentums, sondern auch die Umkehrung dieser Beziehung gilt in gewisser Weise: Das Judentum, wie es sich in der Zeit nach der Zerstörung Jerusalems und des Tempels als «rabbinisches Judentum» entwickelte, ist nicht zuletzt durch seine Reaktionen auf das aufkommende Christentum bestimmt.

Paulus und seine Briefe

Die ältesten Texte, die in das spätere Neue Testament eingegangen sind, finden sich in den Briefen des Paulus an verschiedene Gemeinden im östlichen Mittelmeerraum und in Rom. Den Ort ihrer Abfassung nennen sie in der Regel nicht; Ausnahmen sind der 1. Korintherbrief, aus dem sich schließen lässt, dass er in Ephesus verfasst wurde (1. Korinther 16,8), und der Römerbrief, von dem man annimmt, dass er in Korinth verfasst wurde (vgl. «Kenchreä», der Name eines Hafens in Korinth, in Römer 16,1–2). Nicht bekannt bleiben sowohl die Abfassungszeit der Paulusbriefe wie auch die genauen Lebensdaten des Paulus. Es lässt sich rekonstruieren, dass er von ungefähr 5 bis 64 gelebt hat. Seine Bekehrung dürfte um 33 stattgefunden haben.

Zu den heute als echt anerkannten Paulusbriefen gehören der 1. Thessalonicherbrief, die beiden Korintherbriefe, der Galaterbrief, der Römerbrief, der Philipperbrief sowie der Philemonbrief (ein Schreiben an die Hausgemeinde des Christen Philemon, zu dem dessen Sklave Onesimus zurückkehren soll). Die Paulusbriefe waren zunächst vor allem Gelegenheitsschriften. Mehr und mehr wurden sie aber im allgemeinen gottesdienstlichen Gebrauch dieser Gemeinden verwendet und offenbar auch ausgetauscht, denn Paulus hatte mit seinen Briefen einen weiteren Adressatenkreis im Blick (Galater 1,2; 2. Korinther 1,1; vgl. auch Kolosser 4,16). Die Paulusbriefe bieten ein gutes Beispiel dafür, wie man sich den Vorgang der Kanonisierung von Schriften vorzustellen hat: Es waren keine kirchlichen Beschlüsse, die diese Texte zu autoritativen Schriften werden ließen, sondern sie wurden von den Gemeinden gelesen, gesammelt und fanden so Eingang in das sich später formierende Neue Testament.

Der älteste Paulusbrief ist der erste Thessalonicherbrief, geschrieben um das Jahr 50. Er vermittelt einen guten Eindruck von der unmittelbaren Naherwartung, die die frühen Christen prägte. Paulus musste sich mit dem Problem auseinandersetzen, dass erste Mitglieder der Gemeinde bereits verstorben sind, bevor Christus wiedergekommen ist (1. Thessalonicher 4,13–18). Man rechnete also mit einer Wiederkunft Christi binnen weniger Jahre, die man mit dem von Jesus selbst angekündigten Reich Gottes in einen Zusammenhang brachte. Paulus versicherte demgegenüber den Thessalonichern:

> Wir, die wir leben, die wir bis zum Kommen des Herrn am Leben bleiben, werden den Verstorbenen nichts voraushaben. Denn der Herr selbst wird beim Erschallen des Befehlswortes, bei der Stimme des Erzengels und der Posaune Gottes vom Himmel herabsteigen. Und die, die in Christus gestorben sind, werden zuerst auferstehen, danach werden wir, die wir noch am Leben sind, mit ihnen zusammen hinweggerissen und auf Wolken emporgetragen werden in die Höhe, zur Begegnung mit dem Herrn. (1. Thessalonicher 4,15–17)

Man erkennt an diesen Aussagen, welche immensen theologischen Herausforderungen das frühe Christentum zu bewältigen hatte: Es musste von den Naherwartungen der ersten Generation übergehen zu der Sicht auf eine sich länger erstreckende Zeit. Dafür musste es Strukturen ausbilden, die bis zur Wiederkunft Christi die Gestalt der Kirche bestimmen sollten. Der Straßburger Kirchengeschichtler Alfred Loisy (1857–1940) hat für diese Paradoxie das Wort geprägt: «Jesus hat das Reich Gottes angekündigt, gekommen ist die Kirche.»

Paulus war der erste christliche Theologe, der seine Erfahrung mit Christus in eine systematische Form brachte und als Erlösungslehre formulierte, die nicht nur den Juden, sondern auch den Griechen – d. h. den «Heiden» – galt: Wer an Christus glaubt, wird von Gott gerecht gemacht und gerettet werden.

> Denn ich schäme mich des Evangeliums nicht; eine Kraft Gottes ist es zur Rettung für jeden, der glaubt, für die Juden zuerst und auch für die Griechen. Gottes Gerechtigkeit nämlich wird in ihm offenbart, aus Glauben zu Glauben, wie geschrieben steht: Der aus Glauben Gerechte aber wird leben. (Römer 1,16–17)

Paulus interpretierte die Gerechtigkeit Gottes ganz von dessen Gnade her. Es bedarf keiner Werke, um vor Gott gerecht zu sein, vielmehr schenkt Gott seine Gerechtigkeit den Menschen durch die Erlösungstat Christi, die sie im Glauben annehmen können.

> Nicht mehr ich lebe, sondern Christus lebt in mir; sofern ich jetzt noch im Fleisch lebe, lebe ich im Glauben an den Sohn Gottes, der mich geliebt und sich für mich hingegeben hat. Ich will die Gnade Gottes nicht außer Kraft setzen. Denn wenn die Gerechtigkeit durch das Gesetz kommt, dann ist Christus umsonst gestorben. (Galater 2,20)

Diese universale und unbedingte Theologie brachte für diejenigen, die sie für sich übernahmen, dramatische Folgen für das Verständnis des Menschseins und des sozialen Zusammenlebens mit sich:

> Denn ihr seid alle Söhne und Töchter Gottes durch den Glauben in Christus Jesus. Ihr alle nämlich, die ihr auf Christus getauft wurdet, habt Christus angezogen. Da ist weder Jude noch Grieche, da ist weder Sklave noch Freier, da ist nicht Mann und Frau. Denn ihr seid alle eins in Christus Jesus. (Galater 3,26–28)

Die Botschaft der radikalen Gleichheit der Menschen im Glauben an Christus ist eines der zentralen Elemente, das für die Ethik des entstehenden Christentums grundlegend wurde. Diese war mit dafür verantwortlich, dass aus dem Christentum binnen weniger Jahrhunderte eine erfolgreiche Weltreligion werden konnte. Im Kontext der ständischen Sozialordnung des Römischen Reiches war diese Forderung revolutionär, besonders für Frauen oder Sklaven, und sie verschaffte der neuen Religion viele Anhängerinnen und Anhänger, auch wenn christliche Haushalte wohl nicht unmittelbar zu egalitären Organisationsformen übergingen. Doch die Akzeptanz einer grundsätzlichen Gleichwertigkeit der Menschen, die in ihrem Glauben verbunden sind, war attraktiv genug, um das Christentum weiter in das Reich hinauszutragen.

Dass das Christentum sich stark und schnell ausbreiten konnte und zu einer Massenbewegung wurde, hing auch damit zusammen, dass es sich die verkehrs- und medientechnischen Infrastrukturen des Römischen Reiches zunutze machte und anders als pagane Kulte ein überregionales organisatorisches Netzwerk schuf. Hinzu kam die Ausbildung bestimmter Rituale (Taufe, Herrenmahl), die die Identität der Christinnen und Christen stärkten, sowohl dem jüdischen wie auch dem paganen Umfeld gegenüber. Das Christentum bildete auch eigene Organisationsformen aus, die sich in unterschiedlichen Ämtern wie Episkopen, Ältesten und Diakonen zeigten. Aufgrund dieser Faktoren konnte es sich als eine sozial und funktional eigenständige Größe im Römischen Reich etablieren und über dessen Untergang hinaus fortexistieren.

Die Evangelien und die Apostelgeschichte

Etwa zwei bis fünf Jahrzehnte nach den Paulusbriefen, frühestens nach der Zerstörung Jerusalems durch die Römer im Jahr 70, entstanden die Evangelien. Die genaue traditionsgeschichtliche Herkunft des griechischen Begriffs «Evangelium» («gute Botschaft»), der auch außerhalb des Neuen Testaments belegt ist, bleibt umstritten.

Die Evangelien des Neuen Testaments scheinen eine neue Literaturgattung in ihrem antiken Kontext darzustellen. Sie enthalten Elemente der Geschichtsschreibung, können aber auch als Biographien gelesen werden. Vor allem ist ihre Ausbildung als Literaturwerke theologisch außerordentlich bemerkenswert: Sie bieten ausführliche Darstellungen des Lebens Jesu von Nazareth, beginnend entweder mit seiner Geburt (Matthäus und Lukas) oder seiner Taufe durch Johannes (Markus) und endend mit dem leeren Grab nach seiner Kreuzigung (Markus) oder den ersten Erscheinungen des Auferstandenen (Matthäus und Lukas). Das Johannesevangelium unterscheidet sich in vielfacher Hinsicht von den drei anderen Evangelien, die viel enger miteinander zusammenhängen. Es beginnt mit der Präexistenz des Logos, der Fleisch wird (Johannes 1,1.14), und endet wie das Matthäus- und Lukasevangelium mit Erzählungen über den Auferstandenen.

Die theologische Leistung der Evangelien besteht darin, das irdische Wirken Jesu als maßgebliches Element im christlichen

Glauben zu sichern. In den ersten Jahren und Jahrzehnten danach wäre es im Rahmen apokalyptischen und gnostischen Denkens durchaus denkbar gewesen, dass man sich der menschlichen Geschichte Jesu entledigt und sein Handeln und Geschick nur als kurzfristig auf der Erde aufscheinende göttliche Epiphanie interpretiert hätte. Doch die Evangelien bewahrten die Erinnerungen an den Menschen Jesus von Nazareth, auch wenn sie natürlich dessen Wirken vom Glauben des frühen Christentums aus theologisch deuteten.

Es ist heute weitgehend unbestritten, dass das kürzeste Evangelium, das Markusevangelium, das älteste dieser Sammlung ist. Sein Verfasser ist anonym, die Tradition nennt ihn seit dem 2. Jahrhundert Markus. Er hat die Gattung dessen geschaffen, was in der späteren Tradition als «Evangelium» bezeichnet wird und von Matthäus, Lukas und Johannes nachgeahmt wurde. Er gebraucht den Begriff mehrfach (Markus 1,1.14–15; 8,35; 10,29; 13,10; 14,9), allerdings nicht zur Bezeichnung seines Werkes. Vor ihm bezeichnete «Evangelium» die Verkündigung des Handelns und Geschicks Jesu Christi, im Markusevangelium wird nun Jesus selbst als Verkünder des Evangeliums dargestellt.

Das Markusevangelium dürfte kurz nach 70 entstanden sein. Jesus wird bei seiner Taufe mit den Worten von Psalm 2,7 zum Sohn Gottes erklärt: «Du bist mein geliebter Sohn, an dir habe ich Wohlgefallen gefunden» (Markus 1,11). Kennzeichnend für das Markusevangelium ist das sogenannte «Messiasgeheimnis» (die Bezeichnung geht auf William Wrede zurück): Die im Markusevangelium erzählten Wundertaten Jesu werden mit dem Hinweis begleitet, dass die Jünger nicht von ihm erzählen sollen (vgl. bes. Markus 8,30). Dieses Motiv verdankt sich dem theologischen Konzept, dass von Jesus als dem Christus («Messias») nur gesprochen werden kann, wenn sein Tod und seine Auferstehung mitbedacht werden. Bemerkenswerterweise bezeugen die besten griechischen Handschriften das Evangelium nur bis 16,8 – es endete also ursprünglich mit dem Zittern und Entsetzen der Frauen angesichts des leeren Grabs und der Auferstehungsbotschaft.

Das Matthäusevangelium ist etwa ein Jahrzehnt jünger als

das Markusevangelium. Es kennt und benutzt das Markusevangelium, daneben schöpft es aus einer weiteren, nicht erhalten gebliebenen Quelle, der sogenannten Logienquelle Q, die man aus dem Matthäus- und dem Lukasevangelium erschließen kann und die anscheinend vorwiegend eine Sammlung von Worten und Reden Jesu war.

Es wendet sich an eine eher judenchristlich geprägte Leserschaft und präsentiert Jesus als einen neuen Mose: Wie Mose steigt Jesus auf «den Berg» (Matthäus 5,1), wo er die berühmte Bergpredigt hält. Und wie die Hinterlassenschaft des Mose aus fünf Büchern besteht, so sind im Matthäusevangelium fünf Reden Jesu überliefert.

Dem Anschluss an die Hebräische Bibel verdankt sich auch die Konstruktion der Jungfrauengeburt:

> Mit der Geburt Jesu Christi aber verhielt es sich so: Maria, seine Mutter, war mit Josef verlobt. Noch bevor sie zusammengekommen waren, zeigte es sich, dass sie schwanger war vom heiligen Geist. Josef ... erwog, sie in aller Stille zu entlassen. Während er noch darüber nachdachte, da erschien ihm ein Engel des Herrn im Traum und sprach: Josef, Sohn Davids, fürchte dich nicht, Maria, deine Frau, zu dir zu nehmen, denn was sie empfangen hat, ist vom heiligen Geist. Sie wird einen Sohn gebären, und du sollst ihm den Namen Jesus geben, denn er wird sein Volk von ihren Sünden retten. Dies alles ist geschehen, damit in Erfüllung gehe, was der Herr durch den Propheten [d. h. Jesaja] gesagt hat: Siehe, die Jungfrau wird schwanger werden und einen Sohn gebären, und man wird ihm den Namen Immanuel geben. Das heißt: Gott mit uns. (Matthäus 1,18–23)

Matthäus 1,23 zitiert Jesaja 7,14 und interpretiert das dort gebrauchte hebräische Wort *ʿalmah* «junge Frau» im Sinne der griechischen Übersetzung, die mit *parthénos* an eine «Jungfrau» denkt. So wird die Geburt Jesu als wunderhafte Erfüllung dieses Prophetenwortes dargestellt: Jesus ist der gemäß den Schriften Israels verheißene Messias.

Die bei Matthäus und auch bei Lukas überlieferten Erzählungen um die Geburt und Kindheit Jesu gehören nicht zum ältesten Überlieferungsgut: Das ältere Markusevangelium kennt sie noch nicht, es beginnt mit dem Wirken Johannes' des Täufers (Markus 1,4–8) und der Taufe Jesu am Jordan (Markus 1,9–11), die bei Matthäus und Lukas erst später erzählt werden (Matthäus 3,13–17; Lukas 3,21–22). Wird Jesus bei Markus durch die Taufe zu Gottes Sohn erklärt, so ist er dies bei Matthäus und Lukas bereits kraft seiner Geburt. Man sieht so, wie Jesus im Verlauf der Überlieferung – von Markus zu Matthäus und Lukas – «größer» geworden ist. In diesen Zusammenhang gehört auch, dass Matthäus und Lukas die Geburt Jesu in Bethlehem, der Stadt Davids, ansiedeln, da der Messias nach biblischer Auffassung ein Davidide sein muss. Historisch gesehen dürfte «Jesus von Nazareth» aber aus Nazareth stammen und auch dort geboren worden sein.

Das Lukasevangelium ist etwa zur gleichen Zeit wie das Matthäusevangelium entstanden, möglicherweise ist es etwas jünger. Wie dieses benutzt es das Markusevangelium sowie die Logienquelle Q für seine Darstellung. Es stellt insofern eine Besonderheit unter den Evangelien dar, als es als erster Teil eines Doppelwerkes konzipiert wurde, wie etwa die Widmungen an Theophilus zu Beginn des Lukasevangeliums und der Apostelgeschichte zeigen (Lukas 1,1; Apostelgeschichte 1,1); im zweiten Teil davon, in der Apostelgeschichte, wird die Geschichte der Verbreitung des Christuszeugnisses in den ersten Jahrzehnten nach der Kreuzigung erzählt.

Noch einmal fast eine Generation jünger ist das Johannesevangelium, das am stärksten durch theologische Interpretation geprägt ist. Jesus Christus ist dort mit dem schon vor der Schöpfung existierenden Logos, der mit dem Auftreten Jesu «Fleisch geworden» ist, identisch:

> Im Anfang war der Logos,
> und der Logos war bei Gott,
> und von Gottes Wesen war der Logos.
> Dieser war im Anfang bei Gott.
> Alles ist durch ihn geworden,
> und ohne ihn ist auch nicht eines geworden,
> das geworden ist. ...
> Und das Wort, der Logos, wurde Fleisch

> und wohnte unter uns,
> und wir schauten seine Herrlichkeit,
> eine Herrlichkeit, wie sie ein Einziggeborener vom Vater hat,
> voller Gnade und Wahrheit. (Johannes 1,1–3.14)

Der Jesus des Johannesevangeliums wirbt bei den Menschen um den Glauben an Gott: Wer an Jesus glaubt, glaubt auch an Gott. (Johannes 10,30: «Ich und der Vater sind eins.») Bisweilen rechnete man damit, dass dem Johannesevangelium ein gnostischer Erlösungsmythos zugrunde lag. In der gegenwärtigen Forschung werden allerdings eher die Verbindungen zur biblischen Weisheitsliteratur und zu paganen Mysterienkulten hervorgehoben.

Nach seiner Selbstdarstellung will das Johannesevangelium vom «Jünger, den Jesus liebte» aufgeschrieben worden sein (so suggeriert es die Notiz in Johannes 21,24; vgl. Johannes 13,23–25; 19,26–27). Tatsächlich dürfte es aber Anfang des 2. Jahrhunderts entstanden und dann noch weiter redigiert worden sein. Dies lässt sich besonders daran ablesen, dass hinter der Abschlussformulierung am Ende von Johannes 20 ein zweiter Schluss (Johannes 21) nachgetragen wurde:

> Noch viele andere Zeichen hat Jesus vor den Augen seiner Jünger getan, die in diesem Buch nicht aufgeschrieben sind. Diese hier aber sind aufgeschrieben, damit ihr glaubt, dass Jesus der Christus ist, der Sohn Gottes, und dadurch, dass ihr glaubt, Leben habt in seinem Namen. (Johannes 20,30–31)

Die Beibehaltung von vier Evangelien in der Überlieferung des frühen Christentums und im Neuen Testament stellt eine enorme theologische Leistung dar. Die unterschiedlichen Darstellungen der Evangelien wurden schon in der Antike als Problem empfunden; im 2. Jahrhundert entstand mit dem Diatessaron des Tatian eine Evangelienharmonie, die sogar zeitweise Aufnahme in den Kanon der syrischen Kirche fand; dennoch setzte sich in der Großkirche die Auffassung durch, dass das Wirken und das Geschick Jesu aus unterschiedlichen Perspektiven erzählt und gedeutet werden kann und muss.

Die übrigen Briefe

Neben den Paulusbriefen und den Evangelien samt der Apostelgeschichte entstanden im frühen Christentum weitere Schriften, die später Aufnahme in das Neue Testament fanden. Dazu zählen die deuteropaulinischen Briefe (Kolosser, Epheser, 2. Thessalonicher) sowie die als «Pastoralbriefe» bezeichneten Briefe an Timotheus und Titus, die zwar vorgeben, von Paulus geschrieben worden zu sein, historisch aber sehr wahrscheinlich nicht auf ihn zurückgehen: Die Autoren dieser Briefe haben sich unter die Autorität des Paulus gestellt, in dessen Namen sie ihre Schriften verfasst haben. (Manche Stimmen in der Forschung halten den Kolosserbrief und den 2. Thessalonicherbrief für authentisch, aber das ist eher unwahrscheinlich.)

Die Pastoralbriefe beschäftigen sich mit den kirchlichen Ämtern sowie der Auseinandersetzung mit Irrlehren, zum Beispiel der «fälschlich so genannten Gnosis» (1. Timotheus 6,20). «Gnosis» bezeichnet griechisch die Erkenntnis. Beides weist auf eine schon fortentwickelte Situation des frühen Christentums im 2. Jahrhundert hin.

Weiter ist der Hebräerbrief zu nennen, eigentlich ein Lehrtraktat, der keinen expliziten Absender oder Adressaten nennt. Im Briefschluss (Hebräer 13,22–25) wird «Timotheus» erwähnt, so dass der Eindruck einer paulinischen Autorschaft nahegelegt werden soll, doch dieser Abschnitt ist wahrscheinlich sekundär und ist vielleicht im Rahmen der Entstehung einer Paulusbriefsammlung hinzugefügt worden.

Schließlich haben sich auch die zuerst bei Eusebius von Caesarea als «katholische Briefe» zusammengefassten Schriften des 1. und 2. Petrusbriefes, des 1., 2. und 3. Johannesbriefes, des Jakobusbriefes und des Judasbriefes im kirchlichen Gebrauch etablieren können und sind zu Bestandteilen des späteren Neuen Testaments geworden. Die Bezeichnung «katholisch» (griechisch-mittellateinisch für «allgemein») konnte sich deshalb etablieren, da diese Schriften als an die gesamte Christenheit gerichtet galten.

Die Offenbarung des Johannes

Die Johannesoffenbarung zeigt zwar Verbindungen zum übrigen johanneischen Schrifttum des Neuen Testaments, steht aber doch für sich selbst. Sie ist die einzige Apokalypse, die Eingang in das Neue Testament gefunden hat, allerdings erst nach einer langen Phase der Unsicherheit. Sie unterscheidet sich in einigen Aspekten von der zeitgenössischen apokalyptischen Literatur. Zum Ersten führt sie sich nicht auf eine illustre Gestalt der Vorzeit zurück, sondern nennt den Propheten Johannes als ihren Verfasser. Zum Zweiten ist sie christologisch zugespitzt und bezeichnet sich als «Offenbarung von Jesus Christus» (1,1). Zum Dritten hat das entscheidende Endzeitereignis für die Johannesoffenbarung mit Tod und Auferstehung Jesu Christi bereits stattgefunden; es liegt in der Vergangenheit und nicht in der Zukunft, wie dies sonst bei Apokalypsen der Fall ist.

Der Seher Johannes erlebt die Einsetzung des «geschlachteten Lammes» zum Herrn der Geschichte mit. Zwar erfährt die christliche Gemeinde noch Nöte und Bedrängnisse, doch dabei handelt es sich um nicht mehr als ein letztes, aber erfolgloses Aufbäumen widergöttlicher Mächte. Johannes sieht als Ziel der Geschichte bereits das himmlische Jerusalem, das auf die Welt herabkommt und Rom in seiner Herrschaftsfunktion ablösen wird. Die Bildwelt der Johannesoffenbarung entstammt der Hebräischen Bibel, vor allem dem Ezechielbuch, aber auch dem Jesaja-, Jeremia- und Danielbuch sowie den Psalmen. Wie die jüdische apokalyptische Literatur ist sie stark durch innerbiblische Textaufnahmen und -auslegungen geprägt.

Die Positionierung der Johannesoffenbarung am Ende des Neuen Testaments führt dazu, dass ihre Schlusskapitel, die thematisch auf die Schöpfungserzählungen in Genesis 1–3 zurücklenken, einen universalgeschichtlichen Rahmen um die gesamte christliche Bibel bilden:

> Und ich sah einen neuen Himmel und eine neue Erde. …
> Und die Stadt bedarf nicht der Sonne noch des Mondes, dass sie ihr scheinen, denn die Herrlichkeit Gottes erleuchtete sie, und ihre Leuchte ist das Lamm. (Offenbarung 21,1.23)

> Und er [einer von den sieben Engeln] zeigte mir den Fluss mit dem Lebenswasser, der klar ist wie Kristall, und er entspringt dem Thron Gottes und des Lammes. In der Mitte zwischen der Straße und dem Fluss, nach beiden Seiten hin, sind Bäume des Lebens, die zwölfmal Frucht tragen. ... Keine Nacht wird mehr sein, und sie brauchen weder das Licht einer Lampe noch das Licht der Sonne. ...
> Und wer etwas wegnimmt von den Worten dieses Buches der Weissagung, dessen Anteil wird Gott wegnehmen vom Baum des Lebens und von der heiligen Stadt, von denen in diesem Buch geschrieben ist. (Offenbarung 22,1–2.5.19)

Damit entspricht die Eschatologie, die Vorstellung von den letzten Dingen, der Protologie, der Vorstellung von den Anfängen: Mit den von Johannes geschauten Ereignissen findet die Weltgeschichte ihren Abschluss in einer neuen, besseren Schöpfung.

Weitere christliche Schriften außerhalb der Bibel

Der kanonische Status einiger Schriften war lange unklar. Das gilt einerseits für spätere neutestamentliche Schriften wie den 2. und 3. Johannesbrief, den 2. Petrusbrief, den Jakobusbrief oder die Johannesapokalpyse, andererseits aber auch für später nicht kanonisierte Schriften wie den Hirt des Hermas, die Didache oder die Petrusapokalypse. Diese bewegten sich zunächst im weiteren Umkreis der schließlich zum Neuen Testament zählenden Schriften, fanden aber keine Aufnahme. Das Protevangelium des Jakobus war trotz seiner Verwerfung als «häretische» Schrift im Christentum sehr populär und weit verbreitet.

Die Unschärfe der Kanongrenze wird auch an dem Umstand deutlich, dass neutestamentliche Schriften bisweilen außerkanonische Texte als Autoritäten für ihre Positionen heranziehen können. So zitiert der Judasbrief aus dem Henochbuch, Paulus führt in 1. Korinther 2,9 ein auch im Liber Antiquitatum Biblicarum bezeugtes Zitat an, und gelegentlich finden sich bei neutestamentlichen Autoren Anspielungen auf das Sirachbuch. Das Neue Testament hätte also auch eine andere Gestalt annehmen können – mit weniger oder mehr und auch mit anderen Schriften als denjenigen, die schließlich den «Kanon» bilden sollten, eine Bezeichnung, die erst seit dem 4. Jahrhundert auf die Bibel angewendet wurde.

Als Kriterien für die Kanonizität der Schriften galten in der Logik der Alten Kirche vor allem ihre zumindest mutmaßliche apostolische Urheberschaft und ihr hohes Alter sowie ihre Übereinstimmung mit der *regula fidei*, der Glaubensregel. Faktisch war jedoch ausschlaggebend, ob sich bestimmte Schriften im gottesdienstlichen Gebrauch durchsetzen konnten; ihre Zugehörigkeit zum Kanon war kein amtskirchliches Gütesiegel, sondern vielmehr Resultat ihrer tatsächlichen Anerkennung im Leben der Kirche.

4. Die Formierung der jüdischen und der christlichen Bibel

Der Abschluss der Ketuvim

Im Judentum der hellenistisch-römischen Zeit bildeten sich für die Schriftensammlung der späteren Hebräischen Bibel unterschiedliche Bezeichnungen heraus. Die Wendung «das Gesetz und die Propheten» findet sich in 2. Makkabäer 15,9; 4. Makkabäer 18,10 oder im Testament Levis 16,2. In der Gemeinderegel von Qumran 1QS 1,3 heißt es: «wie er (Gott) es befohlen hat durch Mose und all seine Knechte, die Propheten». Der Prolog zum griechischen Sirachbuch zählt «Gesetz, Propheten und übrige Schriften» auf. Das Lehrschreiben des Lehrers der Gerechtigkeit aus Qumran mit dem Titel «Einige Werke der Tora» (4QMMTd, 4Q397) nennt neben Mose und den Propheten auch die Psalmen: «... dass du verstehen sollst das Buch des Mose [und] die Büch[er der Pr]opheten und Davi[d ...]». Mit «David» (vermutlich ist zu «Davids Bücher» zu ergänzen) ist der fünfgeteilte Psalter gemeint.

Im Neuen Testament findet sich der Ausdruck «das Gesetz und die Propheten» bei Paulus (Römer 3,21), Matthäus (7,12; 22,40), Lukas (16,16) und Johannes (1,45). Lukas 16,29.31 formuliert: «Sie haben Mose und die Propheten ... Wenn sie auf Mose und die Propheten nicht hören.» Ähnlich heißt es in Lukas 24,27: «Und er fing an bei Mose und allen Propheten und legte ihnen in allen Schriften aus, was über ihn geschrieben steht»; Apostelgeschichte 28,23: «ausgehend vom Gesetz des Mose und von den Propheten»; Lukas 24,44: «Alles muss erfüllt werden, was im Gesetz des Mose und bei den Propheten und in Psalmen über mich geschrieben steht.»

Die «Psalmen» werden hier, wie auch im Lehrschreiben des Lehrers der Gerechtigkeit aus Qumran, wahrscheinlich nicht als dritte Schriftengruppe genannt, sondern zu den prophetischen

Schriften gerechnet. Dafür spricht, dass in den Qumran-Quellen die Psalmen als prophetische Texte gelten (vgl. 11QPsa 27,11) und auch im Lukasevangelium David als Prophet charakterisiert wird, der in den Psalmen zukunftsweissagend über die Auferweckung Christi von den Toten gesprochen habe. Die Dreiteilung der Hebräischen Bibel, die neben «Tora» (Gesetz) und «Nevi'im» (Propheten) auch die «Ketuvim» (Schriften) umfasst, gab es demnach um die Zeitenwende noch nicht.

Wann und weshalb ist es zur heute geläufigen Dreiteilung der Hebräischen Bibel gekommen? Die dritte Gruppe scheint sich erst im 1. Jahrhundert als eigenes Korpus herausgebildet zu haben. Die ältesten Belege dafür finden sich gegen Ende dieses Jahrhunderts bei dem jüdischen Historiker Flavius Josephus (Contra Apionem 1,8) und bei Rabbi Gamliel II. (bSanhedrin 90b). Vermutlich bildeten die Psalmen als längstes und wichtigstes Buch den Kern der Ketuvim. Sie konnten zwar auch als prophetische Schriften aufgefasst werden, aber bei der Entstehung der dreiteiligen Hebräischen Bibel lag ihre Zuweisung zu den Ketuvim offenbar näher. Daneben wurden Schriften weisheitlichen Charakters wie Hiob, die Sprichwörter und das Koheletbuch, aber auch Bücher ganz unterschiedlichen literarischen Charakters, etwa das Hohelied, das Buch Ruth, die Klagelieder, die Chronikbücher sowie Esra und Nehemia dieser Gruppe zugerechnet. Auch das Danielbuch, das die Geschichte Daniels und seiner Freunde am babylonischen Königshof unter Nebukadnezar in einem fiktiven Rückblick erzählt, aber erst im 2. Jahrhundert v. Chr. abgeschlossen wurde, gehört in der Hebräischen Bibel zu den «Schriften», wogegen es in der christlichen Bibel zu den «Propheten» gezählt wird. Durch die Entstehung der Ketuvim als eigene Schriftengruppe wurde die Zweiteilung der verbindlichen jüdischen Schriften seit dem späten 1. Jahrhundert durch eine Dreiteilung ersetzt.

Anders als dies bei Tora und Nevi'im der Fall ist, variiert die Anordnung der Bücher innerhalb der Ketuvim vergleichsweise stark. In der Mehrzahl der Handschriften der Hebräischen Bibel werden die Ketuvim durch das Buch der Psalmen eröffnet. Mitunter werden aber auch die Chronikbücher an den Beginn gestellt. In dieser Anordnung werden die Chronikbücher, die breit von der Einrichtung des Tempelkults unter David und Salomo erzählen, als «historische» Einleitung zu den Psalmen verstanden. Zumeist stehen die Chronikbücher aber am Schluss der Ketuvim. So endet die Hebräische Bibel mit dem Kyros-Edikt (2. Chronik 36,23), das den exilierten Juden Tempelbau und Rückkehr in die Heimat erlaubt und das die gewichtige «Exodus»-Aussage enthält:

> Wer unter euch aus seinem Volk ist – JHWH, sein Gott, sei mit ihm, und er ziehe hinauf! (2. Chronik 36,23b)

Wie ist es zur Formierung des dritten Kanonteils, der Ketuvim, gekommen? Die zumeist vertretene Auffassung besagt, dass die Ketuvim das «Sammelbecken» weiterer autoritativer Texte nach dem Abschluss von Nevi᾽im waren. Eine zweite These sieht dagegen in der Entstehung der Ketuvim ein Instrument der Traditionssicherung in der Makkabäerzeit. Sie rechnet allerdings mit einer unhaltbaren Frühdatierung des Abschlusses des Kanons noch im 2. Jahrhundert v. Chr. Ein dritter Zugang bestimmt die Ketuvim als eine Anthologie exemplarischer jüdischer Literaturgattungen, die gegen den wachsenden Druck der hellenistischen Kultur zusammengestellt worden ist. Eine vierte These schließlich sieht in der Abgrenzung gegen die christlichen Schriften des Neuen Testaments ein zentrales Motiv für die Entstehung der Ketuvim als drittes Schriftenkorpus neben Tora und Propheten.

Diese Thesen schließen sich gegenseitig nicht völlig aus, sie benennen jedoch verschiedene Aspekte, die in unterschiedlicher Weise die Formierung der Ketuvim befördert haben können. Dabei ist zu beachten, dass sich keine eindeutig inhaltlichen Kriterien benennen lassen, mittels derer sich der Einschluss einer bestimmten und der Ausschluss einer anderen Schrift aus den Ketuvim erklären ließe. Für die Frage der Geltung einer Schrift (ihrer «Kanonizität») war vielmehr ihr religiöser Gebrauch entscheidend, und dieser hing oftmals von Gewohnheiten und Zufällen ab.

In der Zusammenstellung der Ketuvim zu einer dritten Schriftengruppe der Hebräischen Bibel können deshalb Analogien zur Entstehung der «katholischen Briefe» des Neuen Testaments gesehen werden. Auch bei dieser Gruppe haben Faktoren wie der Gebrauch, literarische Ähnlichkeiten sowie die Zusammengehörigkeit bestimmter Schriften – der drei Johannesbriefe, der beiden Petrusbriefe sowie des Jakobus- und des Judasbriefes, die durch gleiche oder zusammengehörige Autorschaft miteinander verbunden waren – dazu geführt, dass sie sich neben der Vierevangeliensammlung und den Paulusbriefen als Teil des entstehenden Neuen Testaments herausgebildet hat.

Im Judentum des 1. und 2. Jahrhunderts gab es Diskussionen über die Frage, welche der zu den Ketuvim gehörigen Schriften «die Hände verunreinigen» (also den Status «heiliger Texte» haben). Diese auffällige Wendung gründet in der Vorstellung, dass das Berühren von Heiligem, also auch der Gebrauch eines heiligen Textes, es erfordert, die Hände zu waschen. Vor allem bei Kohelet und beim Hohenlied scheint umstritten gewesen zu sein, ob sie «die Hände verunreinigen». Die Mehrheit der Rabbinen beantwortete die Frage jedoch bejahend, so dass Kohelet und Hoheslied Eingang in den dritten Teil der Hebräischen Bibel fanden.

Was schließlich zum Abschluss der Ketuvim als eines geschlossenen Korpus geführt hat, ist umstritten und lässt sich wohl kaum zweifelsfrei klären. Der Umstand, dass die Ketuvim in der handschriftlichen Überlieferung nicht zu einer einheitlichen Fügung gefunden haben und dass sie in den christlichen Bibeln nicht als fest abgegrenzte Sammlung behandelt worden sind, lässt vermuten, dass es sich eher um eine lockere Zusammenstellung von Schriften als um eine Sammlung mit klarem Umfang und Profil handelt. Die Schriften aus Qumran zeigen, dass der Bestand an «biblischen» Büchern insgesamt um die Zeitenwende wohl noch nicht gefestigt war. Zudem ist das Prozesshafte der Entstehung der Bibel zu bedenken: Es gab nie einen Beschluss darüber, welche Schriften zu den Ketuvim gehören und welche nicht. Vielmehr bildeten sich ein gewisses Ansehen und ein ritueller Gebrauch dieser Schriften allmählich heraus. Der Abschluss der Ketuvim ist demnach – analog zur

Entstehung des Neuen Testaments – ein Vorgang, der nicht auf bestimmten Entscheidungen, sondern auf länger währenden Entwicklungen und sich sukzessive etablierenden Gewohnheiten beruht.

Allerdings haben einige Gruppen des Judentums ihre eigenen Vorstellungen davon entwickelt, was als verbindliche «heilige» Schriften gelten soll. So scheinen die Sadduzäer nur die Tora anerkannt zu haben (vgl. Flavius Josephus, Jüdischer Krieg, 14,164–165), während für die Gemeinschaft von Qumran auch Texte wie das Jubiläenbuch oder die Henochliteratur in gleicher Weise Geltung hatten wie Schriften der späteren Hebräischen Bibel.

Die Herausbildung einer abgeschlossenen Bücherliste

Mit dem Abschluss der Ketuvim entstand gegen Ende des 1. Jahrhunderts im Judentum auch die Vorstellung von einer abgeschlossenen Zahl von Büchern, die zur Bibel gehören sollen. Damit ging eine Unterscheidung von biblischen und nichtbiblischen Schriften einher. Dies bedeutete allerdings nicht notwendig, dass ein bestimmter Wortlaut dieser Bücher fixiert worden wäre. Die Bibeltexte aus Qumran etwa sind zwar in inhaltlicher Hinsicht durchaus stabil, jedoch zeigen unterschiedliche Versionen desselben Buches immer wieder kleinere und auch größere textliche Differenzen. So lassen sich orthographische Abweichungen feststellen, zum Teil sind auch ältere Wörter durch geläufigere ersetzt worden, oder die Schreibweise von Namen weicht ab.

Das Konzept einer abgeschlossenen Bücherliste ist explizit bei Flavius Josephus sowie in 4. Esra 14 belegbar. In seiner apologetischen Streitschrift Contra Apionem («Gegen Apion», ca. 95 n. Chr.) charakterisiert Josephus die alttestamentliche Überlieferung wie folgt:

> Nicht Zehntausende von Büchern gibt es bei uns, die untereinander nicht übereinstimmen und widereinander streiten, sondern nur 22 Bücher, die die Aufzeichnung des ganzen Zeitraums [der Ge-

schichte Israels] enthalten und mit Recht für glaubwürdig gehalten werden. Von diesen sind fünf Schriften des Mose, die sowohl die Gesetze als auch die Überlieferung seit der Entstehung des Menschengeschlechts bis zum Tod des Mose umfassen. Dieser Zeitraum beträgt etwas weniger als dreitausend Jahre. Vom Tod des Mose an bis hin zur Regierung des Artaxerxes, der nach Xerxes König der Perser war, haben die nachmosaischen Propheten die Ereignisse ihrer Zeit in dreizehn Büchern aufgezeichnet. Die übrigen vier enthalten Loblieder auf Gott und Lebensregeln für die Menschen. Seit Artaxerxes bis auf unsere Zeit ist zwar das einzelne aufgezeichnet worden, aber es wird nicht der gleichen Glaubwürdigkeit wertgeachtet wie das Frühere, weil es an der genauen Aufeinanderfolge der Propheten fehlte. (Contra Apionem 1,8)

Josephus rechnet mit einer festen Anzahl von 22 biblischen Büchern, die der Anzahl der Buchstaben im hebräischen Alphabet entspricht und so Abgeschlossenheit und Vollkommenheit symbolisiert. Diese Vorstellung ist auch bei antiken christlichen Theologen belegt, die – ungeachtet der Verwendung der Septuaginta – ebenfalls die Vorstellung von 22 Büchern des «Alten Testaments» kennen und dazu auch auf die Buchstaben des hebräischen Alphabets verweisen. Interessanterweise wendet sich Josephus mit seiner Aussage vor allem gegen die griechische Überlieferung, die «Zehntausende» von verschiedenartigen Büchern umfasse und deshalb aus seiner Sicht nicht zuverlässig sein könne. Man kann vermuten, dass er sich mit dem Argument konfrontiert sah, dass die geringe Anzahl von Büchern bei den Juden es ausschließe, dass sie die Geschichte der Menschheit seit ihrer Erschaffung getreu überliefere. Josephus macht aus dieser Not eine Tugend und führt zusätzlich das Argument der prophetischen Abkunft der 22 Bücher der Bibel an, das deren inhaltliche Verlässlichkeit sichern soll.

Die genaue Kategorisierung der biblischen Bücher in der Aufzählung bei Josephus ist allerdings nicht ganz deutlich. Die dreizehn Bücher, die auf die Tora des Mose folgen, umfassen möglicherweise Hiob, Josua, Richter (einschließlich Ruth), Samuel, Könige, Jesaja, Jeremia (einschließlich der Klagelieder), Ezechiel, das als ein Buch gezählte Zwölfprophetenbuch, Daniel,

Chronik, Esra-Nehemia und Esther, während mit den «übrigen vier» wohl Psalmen, Sprichwörter, Kohelet und Hoheslied gemeint sind. Allerdings sind diese Identifizierungen nicht ganz sicher. Darüber hinaus lässt Josephus eine Theorie prophetischer Autorschaft erkennen, wenn er die Abfassung der biblischen Bücher mit einer ununterbrochenen Abfolge von Propheten seit Mose bis in die Zeit des Perserkönigs Artaxerxes, unter dem Esra und Nehemia nach dem biblischen Zeugnis auftraten, in Zusammenhang bringt.

Auch das 4. Esrabuch – eine jüdische Apokalypse, die gegen Ende des 1. Jahrhunderts entstand, aber nur im Christentum überliefert worden ist – entwirft in seinem Schlusskapitel ein Modell von 24 verbindlichen Büchern des Judentums. Verfasst wurde das Buch vermutlich in Palästina in semitischer, also hebräischer oder aramäischer Sprache. Erhalten ist es aber nur in lateinischer Sprache sowie in verschiedenen Übersetzungen in orientalische Sprachen. Das 4. Buch Esra steht in unmittelbarer zeitlicher Nähe zur Zerstörung Jerusalems durch die Römer im Jahr 70, thematisiert diese Erfahrung aber in einer Rückprojektion auf die erste Zerstörung von Stadt und Tempel durch die Babylonier 587 v. Chr. und versucht, dieses Ereignis theologisch zu deuten. Die beiden Katastrophen Jerusalems werden in der Geschichtsperspektive des 4. Esrabuches zusammengesehen. Für Autor und Leser ist die erste Stadt- und Tempelzerstörung in babylonischer Zeit auf diejenige in römischer Zeit hin transparent. In Kapitel 14 wird die erneute Abfassung der biblischen und weiterer Bücher beschrieben, nachdem diese bei der Zerstörung Jerusalems durch die Babylonier verbrannt waren. Esra war aufgrund göttlicher Eingebung imstande, sie einem Gelehrtenkreis noch einmal zu diktieren:

> Der Höchste gab den fünf Männern Einsicht [den Schreibern, denen Esra diktiert]. So schrieben sie das Gesagte der Reihe nach in Zeichen auf, die sie nicht kannten, und saßen vierzig Tage lang da. Sie schrieben am Tag und aßen in der Nacht ihr Brot. Ich [sc. Esra] redete am Tag und schwieg nicht in der Nacht. In den vierzig Tagen wurden 94 Bücher geschrieben. Als die vierzig Tage zu Ende waren, redete der Höchste mit mir und sagte: Die ersten Bücher,

> die du geschrieben hast, leg offen hin. Würdige und Unwürdige mögen sie lesen. Die letzten siebzig aber sollst du verwahren, um sie den Weisen aus deinem Volk zu übergeben. (4. Esra 14,42–46)

«Die ersten (24) Bücher» sind, wie unschwer zu erkennen ist, diejenigen der Hebräischen Bibel. Sie sind allen zugänglich, wogegen die siebzig weiteren Bücher verborgen werden sollen und offenbar die deuterokanonische (oder «apokryphe») Literatur bilden, zu denen sich das 4. Esrabuch auch selbst zählt. Sie sind nur für Eingeweihte, «die Weisen aus deinem Volk», zugänglich, da sie nicht einfach zu verstehen sind und einen elitären Anspruch haben. Deutlich ist auch hier die feste Anzahl von Büchern (24), die zwar von derjenigen bei Josephus abweicht (22), aber ebenfalls eine Symbolzahl darstellt: In der antiken Welt des östlichen Mittelmeers galt 24 als Symbolzahl der Vollständigkeit: Das griechische Alphabet enthält 24 Buchstaben, und Homers *Ilias* und die *Odyssee* waren in 24 Abschnitte unterteilt. Was in 24 Stücke geteilt ist, enthält das gesamte Wissen von Alpha bis Omega, vom Anfang bis zum Ende. In der rabbinischen Überlieferung hat sich dann die Zahl 24 gegenüber der 22 durchgesetzt, wohl vor allem aufgrund ihrer stärkeren interkulturellen Prägung.

Die Abweichung zwischen 24 und 22 deutet kaum auf einen unterschiedlichen Bücherbestand hin, sondern ist eher auf die Zusammenfassung der Klagelieder mit dem Jeremiabuch sowie von Ruth mit dem Richterbuch bei Josephus zurückzuführen. Auf diese Weise konnte die «hebräische» Gesamtanzahl von 22 Büchern erreicht werden. In 4. Esra 14 begegnet auch das Motiv der prophetischen Autorschaft der biblischen Bücher durch Esras Diktat.

In der Forschung des späten 19. und frühen 20. Jahrhunderts brachte man die bei Josephus und im 4. Esrabuch belegbare Vorstellung eines Kanons gerne mit der Annahme einer Synode in Jamnia (Jabne, in der Nähe des heutigen Tel Aviv) zusammen, die diesen beschlossen hätte. Zwar etablierte sich Jamnia nach dem Jahr 70 tatsächlich als ein Zentrum jüdischer Gelehrsamkeit, doch dort fand weder eine Synode statt, noch wurde dort über die Verbindlichkeit der alttestamentlichen Schriften insgesamt diskutiert, sondern nur über den Stellenwert von Kohelet sowie des Hohenliedes.

Man kann allerdings fragen, aus welchen Gründen gegen Ende des 1. Jahrhunderts die Vorstellung von einer klar begrenzten Bücherliste aufkam. Josephus wendet sich mit seiner Polemik gegen die «Zehntausende» von Büchern zwar vor allem gegen die griechische Literatur; möglicherweise geschieht jedoch die Definition dessen, was zur jüdischen Bibel gehört, nicht von ungefähr in einer Zeit, in der sich das Judentum durch das sich formierende Christentum herausgefordert sah, das sich selbst auf neue Schriften stützte, die zu den althergebrachten Überlieferungen hinzugetreten waren. In der Tosefta, einem Kommentarwerk zur Mischna, heißt es etwa:

> Die Evangelien (*gilyonim*) und die Bücher der Häretiker (*minim*) verunreinigen die Hände nicht. Die Bücher des Ben Sira [gemeint ist das Buch Jesus Sirach] und alle Bücher, die von da an geschrieben wurden, verunreinigen die Hände nicht. (Jadajim 2,13)

Die angeführten Bücher sind also nicht von autoritativer Geltung. Bemerkenswerterweise tauchte das Konzept der «Häretiker», das nicht nur, aber auch die (Juden-)Christen mit umfasst, im rabbinischen Judentum etwa zu derselben Zeit auf, als in der christlichen Kirche eigene Sammlungen verbindlicher Schriften entstanden. Wenn das Zitat aus der Tosefta die Bücher des Christentums in einem Zug mit dem Sirachbuch und weiteren jüngeren Büchern des Judentums nennt, zeigt das, dass die Abgrenzung nicht ausschließlich die christliche Literatur betraf, sondern auch jüdische Texte, denen nicht dasselbe Alter zukam wie den Büchern der Hebräischen Bibel.

Die Entstehung des Neuen Testaments

Wie ist es dazu gekommen, dass aus einzelnen Schriften bzw. Sammlungen von Schriften das «Neue Testament» und schließlich die christliche Bibel Alten und Neuen Testaments entstanden ist? Im frühen Christentum gab es kein Buch, das die Evangelien, die Paulusbriefe und weitere Schriften enthalten hätte und unter dem Titel «Das Neue Testament» verbreitet und in christlichen Gemeinden gelesen worden wäre – ganz zu schweigen davon, dass diese Schriften bereits mit denen des «Alten Testaments» zusammengestellt worden wären.

Im 2. oder 3. Jahrhundert verfügten die christlichen Gemeinden vielleicht über einzelne Evangelien und Paulusbriefe sowie über Texte, die später nicht in das Neue Testament aufgenommen wurden, wie etwa die Didache oder der Hirt des Hermas. Von der einen zur anderen Gemeinde konnte der Bestand der Schriften, die gelesen wurden, recht unterschiedlich aussehen. Das «Neue Testament» war damals kein Buch, sondern eine Bezeichnung für solche Schriften, die vom Glauben des frühen Christentums zeugten. Der genaue Umfang dieser Schriften war unklar und besaß eine gewisse Variabilität. Sie waren in der Regel auf separaten Schriftträgern geschrieben und noch nicht zu einem einzigen Buch zusammengebunden.

Die sukzessive Entstehung des Neuen Testaments als einer konkreten Büchersammlung folgte also zunächst bestimmten, in sich vielfältigen inhaltlichen Überlegungen zu der Frage, was denn der wesentliche Inhalt des christlichen Glaubens sei. Man konnte entsprechende Zusammenfassungen als «Regel der Wahrheit», «Regel des Glaubens» oder «kirchliche Regel» bezeichnen, ein Sprachgebrauch, der sich etwa bei den Kirchenvätern des späten 2. und frühen 3. Jahrhunderts findet, so bei Irenäus, Klemens von Alexandria und Tertullian. Diese «Regel» bildete dann die spätere Grundlage des «Apostolischen Glaubensbekenntnisses» sowie der altkirchlichen Bekenntnisse von Nizäa und Konstantinopel.

Der Abschluss des Neuen Testaments ist nicht auf den Beschluss einer kirchlichen Synode oder die Anordnung von Bischöfen zurückzuführen. Solche Beschlüsse oder Anordnungen hat es nie gegeben. Das Neue Testament ist aus einem langen Prozess hervorgegangen, innerhalb dessen sich die Grenzen zwischen anerkannten («kanonischen») und abgelehnten («apokryphen») Schriften nach und nach ergaben.

Erst vom 4. Jahrhundert an wurden «Vollbibeln» mit Altem

und Neuem Testament hergestellt. Der Bedarf nach repräsentativen Bibeln entstand, nachdem das Christentum zur Reichsreligion aufgestiegen war, was mit der Durchsetzung des Christentums zur Reichsreligion unter Theodosius (347–395) im Jahr 392 zusammenhängt, die durch die Religionspolitik Konstantins (272–337) entscheidend vorbereitet worden war. Diese Kodizes sind aufwendig gestaltete Bände, die mit viel Kunstfertigkeit hergestellt wurden. Sie bieten für das Alte Testament den griechischen Text der Septuaginta und stellen mit dem Neuen Testament also christliche, griechische «Vollbibeln» dar. Im «Alten Testament» – «alt» war in der Antike ein besonderes Qualitätsmerkmal – enthalten sie mit der Septuaginta auch Bücher wie Judith, Tobit, Jesus Sirach, die Weisheit Salomos, Baruch sowie die Makkabäerbücher, die aus dem griechischsprechenden Judentum stammen und zum größeren Teil keine hebräische oder aramäische Grundlage haben. Dabei kann der Bücherbestand je nach Kodex sowohl im Alten als auch im Neuen Testament noch variieren.

Im Blick auf die «apokryphen» Schriften des antiken Christentums lässt sich ebenfalls eine fließende Grenze zu den kanonischen Schriften feststellen. Der Codex Sinaiticus enthält am Schluss, nach den Schriften des Neuen Testaments, noch den Barnabasbrief und den Hirten des Hermas, der Codex Alexandrinus die Klemensbriefe. Auch andere nichtkanonische Schriften wie etwa das Protevangelium des Jakobus waren im Christentum verbreitet, allerdings nur in bestimmten Regionen. Die 1945 im oberägyptischen Nag Hammadi gefundenen dreizehn Kodizes versammeln eine ganze Anzahl weiterer Schriften, die offenbar eine Zeitlang von christlichen Gruppen aus dem Umkreis der Gnosis verwendet wurden.

Erst mit der Erfindung des Buchdrucks im 15. Jahrhundert setzten sich im Judentum und in den unterschiedlichen christlichen Konfessionen Standardanordnungen durch, aufgrund derer der Eindruck entstand, «die Bibel» sei eine klar umgrenzte Sammlung von Schriften mit einer festen Reihenfolge.

5. Ausbreitung, Auslegung und Wirkung der Bibel

Übersetzungen der Bibel und ihre Verbreitung

Die christliche Bibel ist das am meisten verbreitete Buch der Weltliteratur. Durch das «Alte Testament» sind dabei die Bücher der jüdischen Bibel auch im globalen Christentum bekannt geworden. Das Christentum ist zudem die größte Weltreligion: Gegenwärtig bekennen sich etwa zweieinhalb Milliarden Menschen zum Christentum, das entspricht etwa einem Drittel der Weltbevölkerung. Zum Judentum zählen sich etwa 16 Millionen Menschen. Eine Vielzahl von Überlieferungen der Bibel sind auch im Islam bekannt, der gegenwärtig rund 1,7 Milliarden Anhänger hat: Der Koran hat, zum Teil in sehr freier Interpretation und Umprägung, biblische und auch außerbiblische Erzählungen aufgenommen und verarbeitet. Biblische Figuren wie Noah, Abraham, Isaak, Ismael, Jakob, Mose, David oder Jesus werden auch im Koran erwähnt und dort als Propheten gedeutet. Der Koran gibt also deutlich zu erkennen, dass er jüdische und christliche Traditionen – sowohl biblischer als auch außerbiblischer Art – aufgenommen und weiterverarbeitet hat.

In christlicher Sicht ist die Bibel nicht in einer «heiligen» Sprache – oder in zwei «heiligen» Sprachen – geschrieben, sondern kann prinzipiell in jede Sprache übersetzt werden, ohne dass damit ein Bedeutungsverlust verbunden wäre. Die gegenwärtige Orientierung der Bibelwissenschaften an den Originalsprachen der Bibel Hebräisch bzw. Aramäisch und Griechisch ist nicht dadurch bedingt, dass diese als «heilige» Sprachen angesehen würden. Der Grund ist vielmehr, dass der Bedeutungsgehalt der biblischen Texte durch philologische und historische Analyse möglichst genau erhoben werden soll, um ihn in der Gegenwart zur Geltung zu bringen.

Allerdings nimmt die lateinische Übersetzung der Bibel, die

sogenannte «Vulgata», für die römisch-katholische Kirche eine hervorgehobene Position ein. Auf dem Konzil in Trient 1546 ist sie als «altehrwürdige, allgemeine Übersetzung, die durch so lange Jahrhunderte im Gebrauch der Kirche erprobt ist» als maßgeblich erklärt worden. Das ist bis heute so geblieben, auch wenn sich in der zweiten Hälfte des 20. Jahrhunderts im Zuge der durch das Zweite Vatikanische Konzil beschlossenen Liturgiereform der Gebrauch der Bibel und die Feier der Messe in den jeweiligen Landessprachen immer stärker durchsetzten (wenngleich daneben Feiern der Messe in lateinischer Sprache immer stattfinden). Vergleichbares gilt in den orthodoxen Kirchen für die Septuaginta, die hier die maßgebliche Gestalt des Bibeltextes des Alten Testaments darstellt, auch wenn in den orthodoxen Kirchen ebenfalls Übersetzungen der Bibel und die Feier der Liturgie in den jeweiligen Landessprachen existieren.

Im Judentum verhält es sich damit nicht grundsätzlich anders: In jüdischen Gemeinden überall auf der Welt spielt das Hebräische eine privilegierte Rolle gegenüber den Landessprachen. Die Tora gilt als unmittelbare Urkunde der Offenbarung von Gottes Weisung an sein Volk und wird im Synagogengottesdienst auf Hebräisch rezitiert. Doch wie bereits die älteste Übertragung der Tora ins Griechische und die dazugehörige Entstehungslegende der Septuaginta im Aristeasbrief zeigen, konnte im hellenistischen Judentum auch eine Übersetzung die gleiche Autorität beanspruchen wie das hebräische Original. Dementsprechend wurde die Übersetzung ins Griechische auf eine zweite Offenbarung Gottes zurückgeführt, wie die weitere Traditionsbildung im Anschluss an den Aristeasbrief bei Philo von Alexandrien (Das Leben Moses, 2,29–443) zeigt: Die zweiundsiebzig Übersetzer (in der Bezeichung «Septuaginta» abgerundet zu «siebzig», entsprechend den siebzig geistbegabten Ältesten aus Numeri 11,25) hätten «in Abgeschiedenheit» voneinander an der Übersetzung der Tora gearbeitet und trotzdem «wie unter göttlicher Eingebung», mithin als «Propheten», genau denselben griechischen Text hervorgebracht. Vom 13. Jahrhundert an entstanden weitere Übersetzungen der Hebräischen Bibel ins Jiddische und Ladino, also in die Sprachen des Judentums in

Mitteleuropa und auf der Iberischen Halbinsel. Das hebräische Original der Tora hat in der Geschichte des Judentums aber stets seine herausragende Bedeutung behalten.

Der Islam hat zur Frage der Übersetzung der heiligen Schriften eine grundsätzlich andere Haltung als Judentum und Christentum. Der Koran gilt als Niederschrift der Offenbarungen Gottes an Muhammad und darf deshalb auch nur in seiner Originalsprache, auf Arabisch, rezitiert werden. Zwar sind spätantike und mittelalterliche Übersetzungen ins Griechische und Lateinische bezeugt, denen frühneuzeitliche Übersetzungen ins Deutsche, Niederländische und Italienische folgten, doch entstammten diese Arbeiten christlicher Gelehrsamkeit, häufig in polemischer Absicht, und wurden im Islam selbst nicht verwendet.

Am Anfang der Geschichte der Bibelübersetzungen steht mit der sogenannten «Septuaginta» eine jüdische Übersetzung hebräischer Schriften ins Griechische, die im Kontext des Diasporajudentums und in seinem geistigen und literarischen Zentrum in Alexandria in Ägypten entstand. Die Septuaginta wurde als «Altes Testament» Teil der christlichen Bibel, wogegen das Judentum neue griechische Übersetzungen bzw. Revisionen schuf, die sich stärker am hebräischen Text orientierten.

Griechisch blieb allerdings nicht auf Dauer die Lingua franca im Mittelmeerraum. Die christlichen Gemeinden im westlichen Teil des Römischen Reiches verstanden ab dem 2. Jahrhundert nicht mehr hinreichend Griechisch, so dass lateinische Übersetzungen der Bibel nötig wurden. Man fasst diese unter dem Namen «Vetus Latina» («alte lateinische [Übersetzung]») zusammen. Es handelt sich bei ihnen um Tochterübersetzungen der Septuaginta, die dementsprechend nicht näher an die hebräischen Originaltexte heranreichen als ihre griechischen Vorlagen. Sie sind gleichwohl aufschlussreich für die Anfänge des lateinischen Christentums und seine Theologie.

Auf Anregung von Papst Damasus I. schuf sodann der aus Dalmatien stammende Kirchenvater Hieronymus (ca. 347–419/420) ab 383 die sogenannte «Vulgata» («die Volkstümliche»), für die er im Alten Testament auch auf die hebräischen

Originaltexte zurückgriff. Hieronymus gehörte zu den wenigen Personen aus dem lateinischen Westen, die des Hebräischen kundig waren und denen der hebräische Ursprung der alttestamentlichen Schriften bewusst war. Durch seine Revision der damals umlaufenden lateinischen Übersetzungen auf der Basis des hebräischen Textes wurde deshalb die hebräische Textgestalt als sogenannte *veritas Hebraica* («hebräische Wahrheit») indirekt wirksam.

Die Vulgata setzte sich im christlichen Mittelalter als die autoritative Fassung der Bibel durch. Eine wichtige Rolle spielt dabei, dass einerseits die lateinische Tradition gegenüber den originalsprachlichen Texten der Bibel gesichert, andererseits das umfangreichere Alte Testament der griechischen und lateinischen Tradition bewahrt werden sollte. Die konfessionellen Kontroversen zwischen römisch-katholischer Kirche und den reformatorischen Kirchen sind hier deutlich zu erkennen, denn zuvor war sowohl durch die griechische Ausgabe des Neuen Testaments von Erasmus von Rotterdam (1516) als auch durch die Übersetzungen der Bibel ins Deutsche von Martin Luther (1534) und von Zwingli (1531) und ihren jeweiligen Mitarbeitern ein neuer Zugang zu den biblischen Texten auf der Grundlage der griechischen und hebräischen Texte entwickelt worden.

Neben den griechischen und lateinischen Bibelübersetzungen gab es bereits in der Antike etliche Übersetzungen in andere Sprachen. Seit dem 2. Jahrhundert entstand die syrische Bibelübersetzung, die sogenannte Peschitta («die Einfache»). Sie wird bis heute in den syrischen Kirchen verwendet. In der Bücheranordnung im Alten Testament weicht diese Ausgabe von den in den westlichen Kirchen verwendeten Bibeln ab. Das Buch Hiob etwa folgt direkt auf die Tora, da es in einer ähnlichen Zeit zu spielen scheint wie die Erzählungen der Genesis. Im Neuen Testament wurde anstelle der vier Evangelien das von Tatian verfasste Diatessaron verwendet, das eine aus den vier Evangelien komponierte, diese harmonisierende Erzählung vom Leben und Wirken Jesu bietet. Das Diatessaron wurde ursprünglich auf Syrisch verfasst und in verschiedene Sprachen, wie etwa Griechisch, Latein und Georgisch, übersetzt. Obwohl es populär war und lange gelesen wurde, war es seit dem 5. Jahrhundert nicht mehr in offiziellem kirchlichem Gebrauch der lateinischen West- und der griechischen Ostkirchen.

Die ägyptischen Christen erstellten vom 3. oder 4. Jahrhundert an eine koptische Übersetzung der Bibel, wodurch die ägyptische Volkssprache zur Literatursprache wurde. Etwas später entstanden die äthiopischen Bibelübersetzungen, deren Text vor allem auf griechischen Bibeln beruht. Die äthiopischen Bibeln gehören zu den umfangreichsten des Christentums. Äthiopische Christen bezeichnen sie als die «81 Bücher». Diese Sammlung enthält Schriften wie das Jubiläenbuch oder die Henochbücher, deren hebräische bzw. aramäische Vorlagen lange Zeit nicht bekannt waren, bis durch die Schriftfunde vom Toten Meer Fragmente der semitischen Originale wiederentdeckt wurden.

Der Ausbreitung des Christentums im Kaukasus folgte auch die weitere Verbreitung der Bibel: Im 5. Jahrhundert wurde die Bibel aus dem Syrischen zunächst ins Armenische und von da aus ins Georgische übertragen. Nach und nach fand das Christentum seinen Weg auch nach Mittel-, West- und Nordeuropa. Wulfila erstellte ab 340 eine gotische Bibelübersetzung, deren Altes Testament nur sehr fragmentarisch erhalten ist. Es ist nicht einmal sicher, ob Wulfila überhaupt alle Bücher des Alten Testaments übersetzt hat. Vom 8. Jahrhundert an entstanden erste Übertragungen ins Deutsche. Die ersten deutschen Vollbibeln entstammen dem 15. Jahrhundert. Diese wurden in der Regel aus der Vulgata übersetzt. Durch Buchdruck und Reformationen erlebten die deutschen Bibeln zu Beginn des 16. Jahrhunderts einen enormen Aufschwung.

Die Übersetzungen Luthers beginnen mit dem sogenannten «Septembertestament», einer Übersetzung des Neuen Testaments, die Luther 1521/22 auf der Wartburg anfertigte. 1534 erschien die erste vollständige Lutherbibel. Die Zürcher Bibel entstand in den Jahren 1524 bis 1529 und wurde 1531 von dem Zürcher Buchdrucker Froschauer erstmals als Gesamtbibel gedruckt. Die Besonderheit dieser Bibelübersetzungen lag darin, dass sie mit der Vorherrschaft der Vulgata brachen und stattdessen direkt aus dem Hebräischen bzw. dem Griechischen übersetzten. Für die Übersetzung des Alten Testaments war dabei die Vermittlung des Hebräischen durch jüdische Lehrer von Bedeutung, da Hebräischkenntnisse im vorreformatorischen christlichen Mittelalter kaum vorhanden waren.

Englische Übersetzungen beginnen mit der altenglischen Übertragung der Evangelien durch Beda Venerabilis im 8. Jahrhundert. Auch die englischen Bibelübersetzungen basieren bis zur Reformationszeit auf der lateinischen Tradition. In England wurde ab 1611 die sogenannte King James Version maßgeblich, die auch in Nordamerika breite Verwendung fand.

Im 9. Jahrhundert schufen Kyrill und Method die altkirchenslawische Übersetzung der Bibel, die von großer Bedeutung für die slawische Sprach- und Literaturbildung werden sollte. 1499 erschien die erste Bibel auf Russisch.

Dänische und schwedische Übersetzungen scheinen zwar schon in vorreformatorischer Zeit entstanden zu sein, doch sind sie nur sehr fragmentarisch erhalten. Erst in der Reformationszeit, 1541 auf Schwedisch und 1550 auf Dänisch, sind Bibeln in der Volkssprache nachweisbar.

Die erste vollständige französische Bibelübersetzung wurde 1530 durch Jakob Faber Stapulensis (Jacques Lefèvre d'Étaples) erstellt, sie basierte auf der Vulgata. Auf protestantischer Seite erschien 1588 die Genfer Bibel.

Die Waldenser bemühten sich früh um italienische Bibelübersetzungen, doch diese sind nicht erhalten geblieben. 1471 erschien in Venedig eine Übersetzung der Vulgata ins Italienische.

Portugiesische Bibeln entstanden zunächst im Umkreis calvinistischer Gemeinden auf Java: 1681 wurde ein Neues Testament, 1753 eine Vollbibel gedruckt. Eine spanische Bibelübersetzung erschien erstmals 1543 in Antwerpen.

Mit der weltweiten Verbreitung des Christentums im Gefolge von Kolonialismus und Missionsbewegungen entstanden Bibelübersetzungen in viele Sprachen Asiens, Afrikas und Lateinamerikas. Mitunter waren die Bibeln dabei das erste schriftliche Dokument der jeweiligen Kultur, so etwa für Madagaskar (1835), Tahiti (1838), Botswana (1857) und Lesotho (1878). Es liegt auf der Hand, dass biblisches Denken und biblische Vorstellungen für die Entwicklung der entsprechenden Sprachen außerordentlich prägend gewesen sein müssen.

Dem «Global Scripture Access Report» zufolge liegen christliche «Vollbibeln» – also Bibeln, die Altes und Neues Testament enthalten – heute in 563 Sprachen vor. Das Neue Testament allein wurde sogar in 1334 Sprachen übersetzt. Einzelne Bibeltexte sind in weitere 1038 Sprachen übertragen worden. Geht man davon aus, dass weltweit etwa 6900 Sprachen existieren, ist die Bibel in knapp der Hälfte dieser Sprachen bekannt, darunter in denjenigen, die zu den meistgesprochenen zählen. Schätzungen zufolge haben über fünf Milliarden Menschen, also knapp zwei Drittel der Weltbevölkerung, Zugang zur Bibel in ihrer Muttersprache.

Die Auslegung der Bibel

Die klassische Auslegung der Bibel im Judentum ist von der rabbinischen Auffassung geprägt, dass Mose am Sinai nicht nur die schriftliche Tora erhielt, die nun in der Hebräischen Bibel vorliegt, sondern auch eine mündliche Tora, die in der biblischen Zeit niemals aufgeschrieben wurde. Ihr Kern findet sich in der sogenannten Mischna. Die Mischna wurde wohl um 200 n. Chr. verschriftet, sie sammelt mündliche Lehrmeinungen der Rabbinen, die historisch gesehen – zumindest teilweise – in die späte Zeit des Zweiten Tempels zurückreichen. Sie wurde in den nachfolgenden Jahrhunderten um die sogenannte Gemara ergänzt, die aramäische Kommentare und Analysen zur hebräischen Mischna enthält. Gemeinsam bilden sie den Talmud, der in einer kürzeren palästinischen (bzw. Jerusalemer) und einer längeren babylonischen Version überliefert ist. Seinen Abschluss fand der palästinische Talmud wahrscheinlich um 500, während sich die Redaktionsarbeit am babylonischen Talmud möglicherweise bis in die islamische Zeit hinein erstreckte und erst um 800 abgeschlossen wurde. Im nachbiblischen Judentum wurde vor allem die rechte Praxis des Gesetzes wichtig – anders gesagt: Bedeutsamer als die «Orthodoxie» war die «Orthopraxie».

Obwohl der Talmud deutlich auf die Bibel bezogen ist, lässt er sich nur mittelbar als Bibelauslegung verstehen. Er ist vor allem eine Auslegung der Hebräischen Bibel zweiter oder sogar dritter Ordnung: Die Gemara kommentiert die Mischna, und die Mischna ihrerseits bezieht sich nicht einfach auf die Bibel, sondern versteht sich als Tora eigener Qualität – als Verschriftlichung der mündlichen Tora vom Sinai, die erst Jahrhunderte nach Mose in der Mischna ihre Gestalt gefunden hat:

> Moses empfing Tora vom Sinai und überlieferte sie Josua und Josua den Ältesten und diese den Propheten und diese den Männern der großen Synagoge. (Pirkei Avot 1,1)

Möglicherweise hat sich in den ersten Jahrhunderten n. Chr. die westliche, griechisch- und lateinischsprachige Diaspora des Judentums anders als die östliche, hebräisch und aramäisch sprechende Diaspora entwickelt. Während im Osten die Traditionen der mündlichen Tora ihre Verschriftung in Mischna und im Talmud gefunden hat und sich hierarchisch organisierte Akademien der Gelehrsamkeit herausgebildet haben, lässt sich dies für den Westen so nicht erkennen. Die griechisch- und lateinischsprachige Diaspora des Judentums hat möglicherweise zur talmudischen Welt zunächst nur sehr beschränkten Zugang gehabt. Vielmehr hat sie neben der Bibel ihre eigenen Schriften, die sogenannten deuterokanonischen Bücher wie Judith, Tobit, Baruch, Jesus Sirach, Weisheit oder die Makkabäerbücher, gepflegt, die vor allem durch den christlichen Septuagintakanon des Alten Testaments erhalten geblieben sind. Das jüdische Leben im Westen wäre demnach stärker von den biblischen, im Osten stärker von den talmudischen Traditionen beeinflusst gewesen. Wie dem auch sei: Erst vom 7. Jahrhundert an ist zu beobachten, dass sich die rabbinischen Lehren auch im Westen vollständig durchsetzen, nachdem sie im Osten schriftlich fixiert worden waren.

Im Christentum haben sich in den verschiedenen Konfessionen je eigene interpretatorische Zugänge zur Bibel herausgebildet. Im Blick auf die Sprachtraditionen unterschieden sich auch hier der Osten und der Westen grundlegend voneinander. In den orthodoxen Ostkirchen dominierte das Griechische, während in der römischen Westkirche das Lateinische vorherrschte. Auch die Auslegung der Bibel hat sich im Westen anders entwickelt als im Osten. In den orthodoxen Kirchen wird die Bibel, namentlich das Alte Testament, ganz im Zeichen der Kirchenväter gelesen, also auf Christus und die göttliche Trinität hin ausgelegt. Die Fokussierung auf Christus zeigt sich auch in der Bedeutung der Ikonen in den Ostkirchen: Durch die Inkarnation in Christus hat sich Gott selbst sichtbar gemacht, deshalb sind Bilder zulässig. Die Bibel hat ihren festen Platz in der Liturgie des orthodoxen Gottesdienstes, der seinerseits auf die Eucharistie ausgerichtet ist.

Die westliche Tradition entwickelte sich im Mittelalter dahingehend, dass man versuchte, die Bibel möglichst in Einklang mit der kirchlichen Lehre zu bringen. Ein wichtiges Instrument dabei war die Lehre vom vierfachen Schriftsinn, die sich mit einem bekannten Merkvers aus dem 13. Jahrhundert, der auf Augustinus von Dänemark zurückgeht, wie folgt zusammenfassen lässt:

Littera gesta docet,	Der Buchstabe lehrt das Geschehene,
quid credas allegoria,	was zu glauben ist, die Allegorie,
moralis quid agas,	der moralische [Sinn], was zu tun ist,
quo tendas anagogia.	wohin zu streben ist, die Anagogie.

Jeder Bibelvers vereinigt also in sich unterschiedliche Sinndimensionen. Er hat eine historische Dimension, die sich auf seinen Entstehungskontext bezieht, eine allegorische, die auf die christliche Glaubenswelt deutet, eine moralische, die seinen ethischen Gehalt bezeichnet, und schließlich eine eschatologische (oder «anagogische»), die die letzten Dinge, die zu erwarten sind, ins Auge fasst.

Das Christentum stand mit dieser Differenzierung nicht alleine da, auch im Judentum griff die Unterscheidung von Literalsinn (*peschat*) und übertragenem, auf das religiöse Leben zielendem Sinn (*derasch*) Raum.

In der Scholastik trat weiter das Bedürfnis der Vermittlung

zwischen biblischen und kirchlichen Traditionen mit der aristotelischen Philosophie hinzu.

Die Reformation im 16. Jahrhundert markiert demgegenüber eine starke Zäsur. Sie stand ganz im Zeichen der Wiederentdeckung der Bibel. Sowohl Martin Luther als auch Huldrych Zwingli sahen im Rückgriff auf die Bibel den entscheidenden Impuls für eine Erneuerung der Kirche. Dass sie sich dabei auf die biblischen Texte gegen die Tradition der Kirche beriefen, hat auch in den Bewegungen wie denjenigen der Waldenser und Katharer oder um Jan Hus und John Wycliffe Vorläufer. Dabei verläuft keine gerade Linie von diesen Impulsen hin zu den Reformatoren. Allerdings haben sich die Reformatoren in der Tradition dieser Denkrichtungen und Kritiken an der Kirche gesehen, die dadurch in späterer Betrachtung als «vorreformatorische Bewegungen» erscheinen, die vorbereiteten, was dann im 16. Jahrhundert zur Spaltung der Westkirche in katholische Kirche und reformatorische Kirchen führte.

Die Reformation – bzw. Reformationen, denn es handelt sich um vielfältige Bewegungen in verschiedenen europäischen Ländern – des 16. Jahrhunderts lassen sich zu einem wesentlichen Teil als Eröffnung eines gänzlich neuen Zugangs zur Bibel und ihrer Auslegung beschreiben. War in der mittelalterlichen Bibelinterpretation die Übereinstimmung von biblischem Text und kirchlicher Lehre betont worden, so berief man sich nun umgekehrt auf die Bibel als Autorität, um die kirchliche Tradition zu kritisieren. Hand in Hand damit ging das Bestreben, die Bibel in Übersetzungen der ganzen Bevölkerung zugänglich zu machen und den theologischen Unterschied zwischen Priestern und Laien zu erodieren: Jeder und jede hat die Fähigkeit, die Bibel zu lesen und zu verstehen.

Die Beschäftigung mit der Bibel prägt die reformatorischen Kirchen bis heute und markiert zugleich einen deutlichen Unterschied sowohl zur orthodoxen als auch zur römisch-katholischen Tradition. Das wird vor allem an der zentralen Rolle der Bibel für den Gottesdienst und der darauf gründenden protestantischen Predigtkultur deutlich, aber auch an der für den protestantischen Bereich charakteristischen Tradition des Bezugs auf die Bibel in kirchlichen Verlautbarungen sowie der Beschäftigung mit der Bibel in Gemeindekreisen.

Mit der Aufklärung setzte die kritische Beschäftigung mit der Bibel ein, die sich vor allem dem Willen verdankte, keine doppelten Wahrheitsstandards in der Wissenschaft zuzulassen: Die Bibel kann keinen Sonderstatus beanspruchen, sondern sie ist mit den gleichen Methoden auszulegen wie alle andere Literatur auch. Die Aussagen der biblischen Texte sind am Maßstab der Vernunft zu messen. Damit wurde die Inspirationslehre – die Auffassung, dass die biblischen Texte göttlich inspiriert und damit von aller anderen Literatur zu unterscheiden sind – verabschiedet. Wichtig hierfür ist Johann Salomo Semlers (1725–1791) *Abhandlung von freier Untersuchung des Canon* (1771–1775). Semler betrachtete die Bibel als ein von Menschen verfasstes Dokument, das keineswegs frei von Irrtümern sei. Zwischen der «Heiligen Schrift» und dem «Wort Gottes» sei deshalb zu unterscheiden: Die Bibel enthalte zwar das Wort Gottes, sei aber nicht einfach mit diesem gleichzusetzen. Dies führte zur Auflösung der Einheit von Altem und Neuem Testament, dann auch zur Auflösung der Grenzen des biblischen Kanons. Durch die historisch-kritische Bibelwissenschaft wurde deshalb die Frage nach dem Zusammenhang von Altem und Neuem Testament in neuer Weise dringlich, ebenso diejenige nach der Unterscheidung von kanonischen und nichtkanonischen Schriften.

Die «Entzauberung» der Bibel, die von einem unantastbaren heiligen Dokument zu einer kritisch zu studierenden Schriftensammlung wurde, erstreckte sich über einen längeren Zeitraum. Auch in der Gegenwart wird über den Status der Bibel unterschiedlich geurteilt. Manche jüdische und christliche Gemeinschaften billigen ihr nach wie vor Unfehlbarkeit zu – auch in nichtreligiösen Fragen und Belangen –, und diese Überzeugungen werden auch in zahlreichen jüdischen und christlichen Colleges und Seminaren im akademischen Bereich vertreten.

Die Bibelkritik hat vor allem die protestantische Theologie und Kirche seit dem 18. Jahrhundert nachhaltig geprägt. Der Katholizismus verhielt sich im Vergleich dazu gegenüber der historischen Bibelkritik lange Zeit spröde bis ablehnend. Die entscheidenden Schritte hin zu einer Öffnung fanden hier erst im 20. Jahrhundert statt, zunächst mit der Enzyklika «Divino afflante Spiritu» (1943) und dann vor allem mit den Reformen in der Folge des Zweiten Vatikanischen Konzils (1962–1965).

Darauf aufbauend entwickelte sich auch im römisch-katholischen Bereich eine historisch-kritische Erforschung der biblischen Texte, die die Bibelwissenschaften nachhaltig bereichern und beeinflussen sollte. In der historisch-kritischen Interpretation der biblischen Texte sind die protestantische und die römisch-katholische Exegese seither eng miteinander verbunden und kooperieren in vielfältiger Weise. Dasselbe gilt von der wissenschaftlichen Bibelexegese im Judentum, die in diesen Diskurs vollständig eingebunden ist.

Die Ausbildung der historischen Bibelkritik hat aber nicht nur einen eigenen, auf Aufklärungsphilosophie und kritischer Geschichtswissenschaft beruhenden Zugang zur Bibel entwickelt, sondern auch die christliche – in gewisser Weise auch die jüdische – Theologie grundlegend verändert. Zunächst war die historische Bibelkritik für das Verhältnis der Theologie zu anderen Wissenschaften von grundlegender Bedeutung: War einmal erkannt und anerkannt, dass die kosmologischen, anthropologischen oder ethischen Anschauungen der Bibel zeitgebunden sind, so ergab sich die Möglichkeit, ja Notwendigkeit, deren Positionen nicht als überzeitlich gültige, sondern als geschichtlich bedingte einzustufen. Das Weltbild der Bibel wurde als Ausdruck seiner Zeit – nämlich der Antike – verstanden. Dadurch wurde auch der Dialog mit den Naturwissenschaften möglich: Fragen wie diejenige nach der Herkunft des Menschen oder der Entstehung des Universums konnten nun unabhängig davon diskutiert werden, ob sie im Einklang mit dem Weltbild der Bibel stehen.

Es setzte sich die Erkenntnis durch, dass die biblischen Texte unter eigenen Erkenntnisvoraussetzungen verfasst wurden und anderen kulturellen, religiösen und ethischen Maßstäben folgen, als sie für das Europa des 19. oder 20. Jahrhunderts vorauszusetzen sind. Im Zuge der historischen Kontextualisierung der biblischen Schriften wurde zudem deutlich, dass die Bibel nicht *eine* theologische Position vertritt, die sich sogar noch mit einem spezifischen kirchlichen Lehrgebäude in Übereinstimmung bringen ließe, sondern eine Vielzahl theologischer und ethischer Sichtweisen enthält, die einander ergänzen, bestätigen, korrigieren oder auch widersprechen können.

Die Wirkung der Bibel

Die Bibel hat als Heilige Schrift des Judentums und des Christentums die Weltgeschichte wie kein anderes Dokument geprägt. Bei ihren Wirkungen mag man zunächst an Aufnahmen in der Kunst denken, in der darstellenden Kunst, der Literatur und der Musik. Biblische Figuren, Szenen und Motive haben seit früher Zeit Eingang in Wandmalereien, Fresken, Mosaike, Gemälde oder Skulpturen gefunden. Im christlichen Mittelalter war die Bibel die Motivgeberin schlechthin für darstellende Kunst, Literatur und Musik. Weltberühmt sind etwa Michelangelos Ausgestaltungen der Sixtinischen Kapelle, besonders *Die Erschaffung Adams* (1511), oder Werke wie Caravaggios *Opferung Isaaks* (1597/1598). Aus der Literatur sind erstrangige Klassiker der englisch- wie auch der deutschsprachigen Literatur von der Bibel inspiriert, so etwa John Miltons *Paradise Lost* (1667) oder Johann Wolfgang von Goethes *Faust* (1808). Aus dem 20. Jahrhundert ist Thomas Manns vierbändiger Roman *Joseph und seine Brüder* (1933) zu nennen, der es sich vorgenommen hat, die Leerstellen der biblischen Erzählung aufzufüllen und mit einer Reihe von religionsgeschichtlich informierten Details aufzufüllen. In der Musik sind Joseph Haydns *Schöpfung* (1798) oder Felix Mendelssohn Bartholdys Oratorium *Paulus* (1836) bis hin zu Arnold Schönbergs Oper *Moses und Aron* (1932) eindrucksvolle Zeugnisse der Rezeption biblischer Stoffe.

Die Prominenz der biblischen Themen in der Kunst hängt natürlich mit dem Vorrang der Bibel in der vom Christentum geprägten Kulturgeschichte zusammen. Doch man würde zu kurz greifen, sähe man die Bibel nur als maßgebliche Impulsgeberin der Kunst-, Literatur- und Musikgeschichte. Sie hat in sehr grundsätzlicher Weise die Ausformung von Wissenschaft, Recht, Politik und Religion in der modernen Welt beeinflusst.

Es war der biblische Monotheismus, der mit seiner Trennung von Gott und Welt die geistige Grundlage für die Ausbildung von Naturwissenschaft und Technik geschaffen hat. Nur wer die Welt als weltlich und Gott allein als göttlich ansieht, kann auf den Gedanken kommen, die Natur zu untersuchen und sie zu verstehen. Man kann die menschliche Herrschaft über die Natur beklagen oder begrüßen, sie basiert jedenfalls auf bestimmten geistesgeschichtlichen Grundlagen, an deren Durchsetzung die Bibel einen beträchtlichen Anteil hat.

Die globalen Rechtstraditionen sind zu sehr ansehnlichen Teilen – mittelbar oder unmittelbar – von den Rechtstexten und Gerechtigkeitsvorstellungen der Bibel beeinflusst. Dabei sind verschiedene inhaltliche Elemente hervorzuheben: Mit ihrer Vorstellung von Gott als dem eigentlichen Gesetzgeber hat die Bibel die Grundlage dafür geschaffen, dass kein Mensch über dem Gesetz steht, auch kein König. Integraler Bestandteil der biblischen Vorstellung von Gerechtigkeit ist die Fürsorge für die Armen und Schwachen. Gerechtigkeit, biblisch gesehen, bedeutet nicht, dass jeder Person das ihr Gebührende zukommt, sondern dass sich das Wohl der Gesellschaft am Wohl der Schwächsten bemisst. Für die Bibel stehen zudem Barmherzigkeit und Gerechtigkeit nicht im Widerspruch: Barmherzigkeit zu üben kann richtig sein, auch wenn dadurch formale Gerechtigkeitsprinzipien verletzt zu werden scheinen. Schließlich gehören für die Bibel Recht und Rechtsinterpretation eng zusammen: In der Tora etwa sind nicht allein bestimmte Gesetze kanonisiert worden, sondern mit ihnen ist auch ihre Auslegung in dasselbe Korpus mit eingeschlossen worden. Verbindlich ist also streng genommen nicht das einzelne Gesetz, sondern dieses ist gemeinsam mit seinen ältesten Interpretationen kanonisiert worden. Kanonisch ist also die Dynamik der Gesetzesauslegung, nicht das Gesetz selbst.

Das politische Denken der Moderne lässt sich in vielfacher Hinsicht als säkularisierte Transformation biblischer Konzeptionen interpretieren. Heutige Wohlfahrtsstaaten haben Aufgaben übernommen, die in der Bibel letztlich Gott und seinen irdischen Repräsentanten übertragen waren – Sicherung des inneren und äußeren Friedens, des Wohlstands, der sozialen Fürsorge, des gelingenden Lebens. Solche Erwartungen an die Politik sind in der Moderne mitunter stark überzogen worden. Mit Hilfe historischer Kritik lassen sich deren theologische Ursprünge erkennen; die Erwartungen selber lassen sich dann auf ein realistisches Maß reduzieren.

Keiner Begründung bedarf der immense Einfluss, den die Bibel auf die globale Religionsgeschichte genommen hat: Sie ist die Grundlage des Judentums und des Christentums und, in der Rezeption des Korans, auch mittelbar des Islams sowie aller religiöser Gemeinschaften, die sich im näheren und weiteren Umkreis ihrer Mutterreligionen bewegen. Mehr als die Hälfte der Weltbevölkerung zählt sich zu einer Religion, die auf die Bibel zurückgeht. Für die letzten Fragen der Menschheit ist sie für viele Menschen die erste und wichtigste Adresse. Dass sie als Buch der Bücher verstanden wird, ist deshalb ein angemessenes Urteil.

Zeittafel

ca. 1000–925 v. Chr.	David und Salomo
ab 9./8. Jh.	Erste Erzählungen, Psalmen, Weisheits- und Prophetensprüche
882–871	Omri König von Israel
787–747	Jerobeam II. König von Israel
ab 8. Jh.	Erste größere Erzählwerke
ab 745	Assyrische Vorherrschaft über die Levante
725–697	Hiskia König von Juda
722	Eroberung Samarias, Untergang Israels
8./7. Jh.	Anfänge der Prophetenbücher und der Rechtsliteratur
696–642	Manasse König von Juda
639–609	Josia König von Juda
ab 622	Entstehung des Deuteronomiums
597	Erste Eroberung Jerusalems
587	Zweite Eroberung Jerusalems, Untergang Judas
539	Eroberung Babylons durch die Perser
515	Errichtung des Zweiten Tempels
480/450	Bau eines JHWH-Tempels auf dem Berg Garizim
4. Jh.	Formierung der Tora
333/331	Untergang des Perserreichs
ab 3. Jh.	Hellenisierung
3. Jh. v. Chr. – 2. Jh. n. Chr.	Entstehung der Septuaginta
167–143	Makkabäeraufstände
143–37	Königtum der Hasmonäer

63	Eroberung Jerusalems durch die Römer
2. Jh. v. Chr. – 1. Jh. n. Chr.	Textfunde aus Qumran
37 v. Chr. – 4. n. Chr.	König Herodes
ca. 28/29 n. Chr.	Auftreten Johannes' des Täufers
ca. 29/30	Auftreten Jesu von Nazareth
ab 50	Paulusbriefe
66–70	1. Jüdischer Krieg, Zerstörung Jerusalems
ab 70	Entstehung der Evangelien
132–135	2. Jüdischer Krieg, Bar-Kochba-Aufstand
2. Jh.	Formierung des Neuen Testaments
2. Jh.	Anfänge der Mischna
272–337	Kaiser Konstantin
ab 340	Gotische Bibelübersetzung des Wulfila
347–395	Kaiser Theodosius
392	Christentum wird römische Reichsreligion
4. Jh.	Hieronymus, Entstehung der Vulgata
4./5. Jh.	Große Bibelkodizes (Sinaiticus, Alexandrinus, Vaticanus)
6. Jh.	Abschluss des palästinischen Talmuds
9. Jh.	Abschluss des babylonischen Talmuds
1008	Codex B19A (Leningradensis)
ab 1517	Reformation und Entstehung deutscher Bibelübersetzungen aus dem Hebräischen und Griechischen
1611	King James Bible
1962–1965	Zweites Vatikanisches Konzil

Literatur

Bibelausgaben

BasisBibel, Stuttgart 2021.

Die Bibel. Einheitsübersetzung, rev. Fassung, Stuttgart 2017.

Die Bibel nach der Übersetzung Martin Luthers, hg. v. der Evangelischen Kirche in Deutschland, rev. Fassung, Stuttgart 2017.

Die vierundzwanzig Bücher der Heiligen Schrift. Nach dem masoretischen Text. Übersetzt v. L. Zunz, Tel Aviv/Stuttgart 1997.

Elberfelder Bibel, rev. Fassung, Witten 2020.

Die Schrift – verdeutscht von M. Buber gemeinsam mit F. Rosenzweig, Berlin u. a. 1926 ff. (rev. Neuausgabe Gütersloh 1999).

Zürcher Bibel, rev. Fassung, Zürich 2019.

Biblia Sacra Vulgata. Lateinisch und deutsch, hg. v. A. Beriger u. a., Berlin 2018.

Septuaginta Deutsch. Das griechische Alte Testament in deutscher Übersetzung, hg. v. W. Kraus/M. Karrer, Stuttgart ^{2}2010.

Kommentierte Bibeln und Kommentarreihen

Das Alte Testament Deutsch (ATD), Göttingen.

Bibel(Plus) – erklärt. Der Kommentar zur Zürcher Bibel, hg. v. M. Krieg und K. Schmid, Zürich ^{2}2011.

The Jewish Study Bible, hg. v. A. Berlin und M. Z. Brettler, Oxford ^{2}2014.

Das Neue Testament Deutsch (ATD), Göttingen.

Die Neue Echter Bibel (NEB), Würzburg.

Neue Jerusalemer Bibel, Einheitsübersetzung mit dem Kommentar der Jerusalemer Bibel, hg. v. A. Deissler/U. Schütz, Freiburg u. a. ^{16}2007.

Neuer Stuttgarter Kommentar (NSK), Stuttgart.

Stuttgarter Altes Testament. Einheitsübersetzung mit Kommentar und Lexikon, hg. v. E. Zenger, Stuttgart ^{3}2005.

Zürcher Bibelkommentar (ZBK.AT), Zürich.

Weiterführende Literatur

Aland, K./Aland, B., Der Text des Neuen Testaments. Einführung in die wissenschaftlichen Ausgaben sowie in Theorie und Praxis der modernen Textkritik, Stuttgart ²1989.

Barton, J., Die Geschichte der Bibel. Von den Ursprüngen bis in die Gegenwart, Stuttgart ³2020.

Beckwith, R., The Old Testament Canon of the New Testament Church, Grand Rapids, MI 1985.

Bormann, L., Das Neue Testament, Theologie kompakt 3, Stuttgart 2003.

Bosshard-Nepustil, E., Schriftwerdung der Hebräischen Bibel. Thematisierungen der Schriftlichkeit biblischer Texte im Rahmen ihrer Literaturgeschichte, AThANT 106, Zürich 2015.

Brandt, P., Endgestalten des Kanons. Das Arrangement der Schriften Israels in der jüdischen und christlichen Bibel, BBB 131, Berlin/Wien 2001.

Brodersen, K., Aristeas. Der König und die Bibel, Stuttgart 2008.

Bultmann, C. u. a. (Hg.), Heilige Schriften. Ursprung, Geltung und Gebrauch, Münster 2005.

Cameron, E. u. a. (Hg.), The New Cambridge History of the Bible, Cambridge 2012–2016.

Campenhausen, H. von, Die Entstehung der christlichen Bibel, BHTh 39, Tübingen 1968 (repr. 2003).

Carr, D. M., Schrift und Erinnerungskultur. Die Entstehung der Bibel und der antiken Literatur im Rahmen der Schreiberausbildung, AThANT 107, Zürich 2015.

Finkelstein, I., Das vergessene Königreich. Israel und die verborgenen Ursprünge der Bibel, München ²2015.

Finsterbusch, K./Lange, A. (Hg.), What is Bible?, CBET 67, Leuven 2012.

Fischer, A. A., Der Text des Alten Testaments, Stuttgart 2009.

Gertz, J. C. u. a., Grundinformation Altes Testament. Eine Einführung in Literatur, Religion und Geschichte des Alten Testaments, UTB 2745, Göttingen ⁶2019.

Keel, O., Die Geschichte Jerusalems und die Entstehung des Monotheismus, 2 Teilbände, OLB VI, 1, Göttingen 2007.

Knauf, E. A., Die Umwelt des Alten Testaments, NSK.AT 29, Stuttgart 1994.

Koch, D.-A., Geschichte des Urchristentums. Ein Lehrbuch, Göttingen ²2014.

Kratz, R. G., Die Propheten Israels, München 2003.
Kreuzer, S., Entstehung und Überlieferung der Septuaginta, in: ders. (Hg.), Handbuch zur Septuaginta, LXX.H, Band 1: Einleitung in die Septuaginta, Gütersloh 2016, 29–88.
Levin, C., Das Alte Testament, München [4]2010.
Levinson, B. M., Der kreative Kanon. Innerbiblische Schriftauslegung und religionsgeschichtlicher Wandel im alten Israel, Tübingen 2012.
Lim, T., The Formation of the Jewish Canon, New Haven 2013.
Lips, H. von, Der neutestamentliche Kanon. Seine Geschichte und Bedeutung, Zürich 2004.
Liss, H., Jüdische Bibelauslegung, UTB 5135, Tübingen 2020.
Luz, U. (Hg.), Zankapfel Bibel. Eine Bibel – viele Zugänge, Zürich 1992.
Markschies, C./Schröter, J. (Hg.), Antike christliche Apokryphen in deutscher Übersetzung. Band I: Evangelien und Verwandtes (in zwei Teilbänden), Tübingen 2012.
McDonald, L. M., The Formation of the Biblical Canon. Volume 1: The Old Testament: Its Authority and Canonicity; Volume 2: The New Testament: Its Authority and Canonicity, London/New York 2017.
Metzger, B., Der Kanon des Neuen Testaments. Entstehung – Entwicklung – Bedeutung, Düsseldorf 1993.
Nickelsburg, G. W. E., Jüdische Literatur zwischen Bibel und Mischna. Eine historische und literarische Einführung, ANTZ 13, Berlin/Dortmund 2018.
Nicklas, T., Parting of the Ways? Probleme eines Konzepts, in: S. Alkier/H. Leppin (Hg.), Juden – Christen – Heiden? Religiöse Inklusion und Exklusion in Kleinasien bis Decius, WUNT 400, Tübingen 2018, 21–42.
Niebuhr, K.-W., Grundinformation Neues Testament. Eine bibelkundlich-theologische Einführung, UTB 2108, Göttingen [5]2020.
Rollston, C., Writing and Literacy in the World of Ancient Israel, Atlanta 2010.
Römer, T., Der Pentateuch, in: W. Dietrich u. a., Die Entstehung des Alten Testaments, ThW 1,1, Stuttgart u. a. 2014, 52–166.
Römer, T., Die Erfindung Gottes. Eine Reise zu den Quellen des Monotheismus, Darmstadt 2018.
Römer, T. u. a. (Hg.), Einleitung in das Alte Testament. Die Bücher der Hebräischen Bibel und die alttestamentlichen Schriften der katholischen, protestantischen und orthodoxen Kirchen, Zürich 2013.
Rüpke, J., Heilige Schriften und Buchreligionen. Überlegungen zu Be-

griffen und Methoden, in: C. Bultmann u. a. (Hg.), Heilige Schriften. Ursprung, Geltung und Gebrauch, Münster 2005, 191–204.

Saur, M., Einführung in die alttestamentliche Weisheitsliteratur, Darmstadt 2012.

Schäfer, P., Die Geburt des Judentums aus dem Geist des Christentums. Fünf Vorlesungen zur Entstehung des rabbinischen Judentums, Tria Corda 6, Tübingen 2010.

Schäfer, P., Jesus im Talmud, Tübingen ²2010.

Schipper, B., Geschichte Israels in der Antike, München 2018.

Schmid, K./Schröter, J., Die Entstehung der Bibel. Von den ersten Texten zu den heiligen Schriften, München ³2020 (Paperback 2021).

Schmid, K., Literaturgeschichte des Alten Testaments. Eine Einführung, Darmstadt ³2021.

Schnelle, U., Einleitung in das Neue Testament, UTB 1830, Göttingen ⁹2017.

Schniedewind, W. M., How the Bible Became a Book. The Textualization of Ancient Israel, Cambridge 2004.

Schöpflin, K., Die Bibel in der Weltliteratur, UTB 3498, Tübingen 2011.

Schröter, J., Sammlungen der Paulusbriefe und die Entstehung des neutestamentlichen Kanons, in: ders. u. a. (Hg.), Receptions of Paul in Early Christianity, BZNW 234, Berlin/New York 2018, 799–822.

Siegert, F., Einleitung in die hellenistisch-jüdische Literatur. Apokrypha, Pseudepigrapha und Fragmente verlorener Autorenwerke, Berlin/Boston 2016.

Sommer, B., Jewish Concepts of Scripture. A Comparative Introduction, New York 2012.

Stemberger, G., Einleitung in Talmud und Midrasch, München ⁹2011.

Stern, D., The Jewish Bible. A Material History, Seattle/London 2017.

Stökl Ben Ezra, D., Qumran. Die Texte vom Toten Meer und das antike Judentum, UTB 4681, Tübingen 2016.

Sweeney, M. A., Tanak. A Theological and Critical Introduction to the Jewish Bible, Minneapolis 2012.

Theißen, G., Das Neue Testament, München ⁵2015.

Tilly, M., Apokalyptik, UTB 3651, Tübingen 2012.

Tilly, M., Einführung in die Septuaginta, Darmstadt 2005.

Toorn, K. van der, Scribal Culture and the Making of the Hebrew Bible, Cambridge, MA 2017.

Tov, E., Der Text der Hebräischen Bibel. Handbuch der Textkritik, Stuttgart 1997.

Trebolle Barrera, J., The Jewish Bible and the Christian Bible. An Introduction to the History of the Bible, Leiden/Grand Rapids, MI 1998.

Tworuschka, U. (Hg.), Heilige Schriften. Eine Einführung, Darmstadt 2000.

Ulrich, E., The Biblical Qumran Scrolls. Transcriptions and Textual Variants, VT.S 134, Leiden 2010.

Wallraff, M., Kodex und Kanon. Das Buch im frühen Christentum, Hans-Lietzmann-Vorlesungen 12, Berlin/Boston 2012.

Weippert, M., Historisches Textbuch zum Alten Testament, GAT 10, Göttingen 2010.

Wolter, M., Paulus. Ein Grundriss seiner Theologie, Neukirchen-Vluyn 2011.

Zenger, E. u. a., Einleitung in das Alte Testament, hg. v. C. Frevel, Stuttgart [9]2015.

Bildnachweis

Seite 24: Aus Yosef Garfinkel, «Khirbet Qeiyafa in the Shephelah: Data and Interpretations», in: Silvia Schroer/Stefan Münger (Hg.), Khirbet Qeiyafa in the Shephelah. Papers Presented at a Colloquium of the Swiss Society for Ancient Near Eastern Studies Held at the University of Bern, September 6, 2014, OBO 282, Fribourg/Göttingen 2017, S. 5–59, S. 39.

Seite 25: Aus Helga und Manfred Weippert, Die «Bileam»-Inschrift von Tell Der ʿAlla, ZDPV 98 (1982), S. 77–103, S. 80.

Seite 27: Aus Alexander Achilles Fischer, Der Text des Alten Testaments, Stuttgart 2009, Abb. 3.

Karten: Peter Palm, Berlin

Register